# O Despertar da Consciência

## Uma Jornada Sagrada pelos Caminhos de Sintra

Sol de Oliveira

# O Despertar da Consciência

## Uma Jornada Sagrada pelos Caminhos de Sintra

MADRAS®

© 2017, Madras Editora Ltda.

*Editor:*
Wagner Veneziani Costa

*Produção e Capa:*
Equipe Técnica Madras

*Revisão:*
Maria Cristina Scomparini
Ana Paula Luccisano
Silvia Massimini Felix

---

Dados Internacionais de Catalogação na Publicação (CIP)
(Câmara Brasileira do Livro, SP, Brasil)

Oliveira, Sol de
O despertar da consciência: uma jornada solitária pelos caminhos de sintra/Sol de Oliveira. – São Paulo: Madras, 2017.

ISBN: 978-85-370-1079-2

1. Autoajuda 2. Esoterismo 3. Espiritualidade 4. Meditação I. Título.

17-06165    CDD-133

Índices para catálogo sistemático:
1. Espiritualidade: Evolução espiritual: Esoterismo 133

---

É proibida a reprodução total ou parcial desta obra, de qualquer forma ou por qualquer meio eletrônico, mecânico, inclusive por meio de processos xerográficos, incluindo ainda o uso da internet, sem a permissão expressa da Madras Editora, na pessoa de seu editor (Lei nº 9.610, de 19/2/1998).

Todos os direitos desta edição reservados pela

**MADRAS EDITORA LTDA.**
Rua Paulo Gonçalves, 88 – Santana
CEP: 02403-020 – São Paulo/SP
Caixa Postal: 12183 – CEP: 02013-970
Tel.: (11) 2281-5555 – Fax: (11) 2959-3090
**www.madras.com.br**

"Uma vida dedicada ao desenvolvimento da consciência é um dia de sol radiante na jornada evolutiva do ser."

**Trigueirinho**

## Dedicatória

Àqueles que caminham entre o Céu e a Terra em busca de si mesmos e a todos os seres que os ajudam nessa caminhada.

Às minhas sobrinhas e afilhadas Rachel, Erica, Maria Eduarda, Júlia, Ingrid e Mônica, à Patrícia e ao Felipe, além dos que ainda vão chegar.

E às Oliveira – testemunhas da História –, para que se lembrem.

# Agradecimentos

Aos meus pais, pelo exemplo de amor e retidão de caráter; ao meu irmão, pelo apoio incondicional em todos os momentos; ao meu companheiro, por estar comigo sempre que senti necessidade de partir em busca de novas experiências; a uma amiga querida, pelas ótimas sugestões ao ler os originais do livro e pelo incentivo a publicá-lo.

Aos dirigentes e irmãos da "Casa das Águas" e a seus guias, por me deixarem fazer parte de seu universo.

E aos nossos queridos amigos portugueses, por terem sempre nos acolhido com muito carinho – a mim e a meu companheiro –, tornando possíveis e extremamente prazerosas nossas várias estadas em Sintra.

# Índice

Prefácio .................................................................. 13
Introdução ............................................................. 15
Parte I - O DESPERTAR ........................................ 17
Um Encontro com Deus ....................................... 21
O Fio da Meada .................................................... 27
Primeiras Mensagens da Abadessa Francisca da Luz....... 31
Um Sonho Intrigante ............................................ 35
Na Linha do Tempo o Eterno Recomeço, até
Alcançarmos as Estrelas ....................................... 39
Expandindo Horizontes ........................................ 43
O Caminho da Lua ou do Feminino Sagrado ........... 53
Conselhos para uma Transformação Interior ......... 63
"Ouvindo" Suas Vozes .......................................... 73
Tomar, Sintra, Fátima e a Sacralidade do Feminino ..... 91
Só o Amor é Real .................................................. 97
De Volta à Casa do Pai ..........................................105

Parte II - OS MENSAGEIROS DAS ESTRELAS..........115
Pai José de Angola..........119
Abadessa Francisca da Luz..........121
Lírio Branco..........131
Um Amigo do Espaço..........139
Da Relevância da Pena e da Irrelevância do Eu..........145
Anexo I - Tributo à Magia Cigana..........151
Anexo II - Tributo à Umbanda..........153

# Prefácio

Todo livro tem sua história, e a história deste se confunde com a de sua autora, aliando o prazer da boa leitura a uma profunda reflexão sobre os mistérios da vida. Seu enredo metafísico oferece uma preciosa chave para acessar o caminho do sagrado, que o levará ao reencontro com sua verdadeira essência e potencialidade realizadora.

O enredo é profundamente instigante e a narrativa, rica em elementos históricos e inteligência espiritual. Situado entre a memória e espiritualidade da Ordem do Templo e da Ordem de Cristo – na serra sagrada de Sintra – e o simbolismo afro-brasileiro contemporâneo, oferece mensagens de consciências universais, que provocam o despertar e a mobilização do leitor para uma vida mais plena e saudável.

A ciência quântica já provou que vivemos em um universo de vibrações de energia, em que estamos todos conectados. Há um novo padrão vibracional no planeta, ensinando um modo efetivo de lidar com as angústias e desafios de um mundo material fragmentado. Trilhando esse caminho alquímico, você encontrará os princípios para realizar a autotranscendência, vivenciando, no aqui e agora, a experiência libertadora da Presença do Criador.

*Flavia Barsotti*

# Introdução

Encontrar a senda espiritual que nos levará a Deus é algo muito pessoal, e cada um tem sua própria história a contar a respeito desse encontro.

Nestas páginas, procuro levar a vocês parte de minha história. Na verdade, meu despertar para uma missão que levei muito tempo a aceitar como minha ou até a acreditar que fosse capaz. Vislumbrei-a há mais ou menos 30 anos, quando "recebi" o texto a seguir, completamente diferente de tudo que eu escrevia na época:

> *Transcender o ser:*
> *o ser, o ter e o haver.*
> *Transcender e acender*
> *a luz que for possível.*
> *Transcender, acender o ser,*
> *transmitir o saber-se*
> *mais que humano:*
> *imperativa missão*
> *– carma e darma –*
> *luminosa encarnação.*

Apesar da clareza do texto, não havia a percepção em minha mente sobre como eu poderia realizar tal "missão", e, assim, os anos foram se passando em meio a muitos questionamentos, muitas leituras e aprendizados diversos, na busca por crescimento espiritual.

Com o tempo, acabei por me habituar à realidade das experiências místicas vividas por outras pessoas, mas, por algum motivo, achava que eram seres excepcionais e que essas coisas não aconteciam com "simples mortais". Em 2007, no entanto, meu entendimento sobre esse assunto mudou quando eu mesma comecei a receber mensagens de entidades espirituais por intermédio dos oráculos (Tarô e Baralho Cigano) e, posteriormente, apenas por inspiração, sem o apoio das Cartas.

Por isso, então, este livro. Para dizer que todos somos capazes, todos somos merecedores, e, indo mais além, para dizer que todos estamos sendo chamados a esse despertar que, muito mais que um direito, é um dever fraterno com nossa família humana e com o planeta que tão generosamente nos acolheu, nessa nossa aventura pela materialidade da vida.

Mas já é hora de irmos em busca de novas experiências, de lembrar quem somos, de onde viemos e para onde precisamos voltar.

As Estrelas esperam por nós. Não nos retardemos mais.

**Sol de Oliveira**

# Parte I
# O Despertar

"Quem quiser construir um barco, não comece por juntar as madeiras, cortar as tábuas e distribuir o trabalho, mas, sim, por despertar nos homens o desejo do mar aberto e infinito."

**Saint-Exupéry**

# Um Encontro com Deus

Foi em um ensolarado dia de primavera, em Cascais (encantadora vila entre Lisboa e Sintra), que se deu nosso primeiro encontro. Caminhava, distraída em meus pensamentos, por uma ruazinha ensombreada por plátanos muito antigos, quando me deparei com uma pequena livraria na qual não havia reparado antes, em minhas andanças por ali.

Parei para contemplar suas vitrines que, àquela hora do dia, exibiam uma luminosidade mágica graças às folhas das árvores que balançavam, suavemente, ao sabor da brisa da tarde. E foi em meio a esse jogo de luz e sombra que eu o vi: um pequeno livro disposto, displicentemente, entre tantos outros. Senti como se ele tivesse me visto, também, a se destacar em sua pequenez e a me pedir que o levasse comigo. *Um encontro com Deus* era o seu nome.

Obediente aos sinais, que sempre me conduziram por bons caminhos, entrei na livraria e o comprei.

Claro está que não aguentaria esperar nem mais um minuto para me inteirar de seu conteúdo. Então, sentei-me em um charmoso café, próximo à livraria, e comecei a folheá-lo. Logo nas primeiras páginas, senti-me transportada para um mundo de paz e contentamento interior, como se, enfim, estivesse voltando para casa, para meu verdadeiro lar (alguns livros têm esse condão).

Gostaria de saber se aqueles momentos foram realmente vividos ou apenas sonhados. Não sei. Mas sei que foi a partir daquele dia, daquela primavera e daquele ano, que minha vida começou a mudar de uma forma maravilhosa.

O Mistério sempre me despertou o desejo de desvendá-lo – o mistério da vida –, mas não podia imaginar que, ao abrir as páginas daquele livro, Deus em pessoa passaria a falar comigo e a me instruir sobre como conduzir minha própria vida.

Deus em pessoa! Parece presunção – sei o que parece –, mas foi o que aconteceu, e eu não posso mudar uma vírgula daquilo que Ele me disse, nem fingir que não O ouvi.

Deus em pessoa! Mas como a "pessoa" de Deus se apresentou a mim? Bem, quando eu falo Deus em pessoa, não significa exatamente que Ele tenha aparecido para mim, mas passei a "ouvir" Sua voz, Seus conselhos e Sua orientação.

Era Deus em mim! E Ele me disse:

"Sê tu mesma, busca a paz que existe em ti. Onde tua paz estiver, Eu estarei. Onde teu coração estiver, Eu estarei.

Ama a tudo e a todos porque Eu estou em todos os lugares e em todas as pessoas. Mas ama, principalmente, a ti mesma, porque é onde Eu me encontro mais próximo de ti. Eu moro em teu coração.

Eu habito a tua boca quando proferes palavras de amor. Eu habito tuas mãos quando teus gestos são de carinho e amizade. Eu habito teus pés quando sabes para onde estás indo e não hesitas; quando conheces o caminho e o segues confiante, o caminho que Eu te indiquei através de sinais que aprendeste a perceber.

Nosso encontro foi mágico porque tu abriste teu coração para Mim e Me encontraste dentro dele. Agora caminhamos juntos e conversamos animadamente como dois amigos de infância. Não quero ser visto como um Deus carrancudo, zangado e mal-humorado que só pensa em pecados e castigos. Quero ser o amigo fiel a quem contas todos os teus segredos, com quem compartilhas tuas desilusões e desgostos, com quem tagarelas e ris com gosto e felicidade. Quero ser teu melhor amigo, com quem podes contar em todas as horas de tua vida, nos bons e maus momentos.

Mas quero que aprendas uma coisa muito importante: aprende a agradecer. Agradece pelas coisas boas que Eu ponho em teu caminho, agradece pelas estrelas, pelo céu azul, pelo pôr do sol, pelo amanhecer, pela chuva, pelas flores... tu já Me compreendeste.

Agradece-Me. Esse é um bom exercício de humildade e é do que vocês estão precisando – um pouco de humildade.

Agradece pela vida, todos os dias. Ao acordar e quando for dormir. Mesmo que o dia não tenha sido dos melhores, quantas lições ele te trouxe, se tu soubeste aproveitar!

Acolhe todas as pessoas com amor no coração, mesmo aquelas com quem não simpatizas muito ou ainda não sentes muita afinidade.

Recebe-Me em todas as pessoas que cruzarem teu caminho e será minha vez de ficar-te imensamente grato. E Eu te agradeço com bênçãos e benesses, é só estar atenta. Pequenas e grandes coisas adoráveis começam a te acontecer, repentinamente, sem que tu nada tenhas feito para isso. Sou Eu a teu lado a te dizer obrigado por tratares bem um filho Meu, como tu.

Acolher com amor outra pessoa não é apenas lhe dirigir palavras educadas com um sorriso nos lábios. Não há sentimento nisso, não há troca de energia amorosa, não há emoção. Tem de haver sinceridade, espontaneidade, há que ser verdadeira, como se estivesses Me recebendo.

Então, já sabes. Aonde fores, leva-Me contigo. Não há amigo mais fiel e amoroso do que Eu. Vais ver!"

---

E assim começou minha aventura com Deus a meu lado. Durmo e acordo com Ele no coração. Compro flores para Lhe oferecer em minha casa. Cuido de mim com carinho para alegrá-Lo e mantenho minha mente e meu coração isentos de maus pensamentos e maus sentimentos. Não gosto de entristecê-Lo.

Conservo sempre viva a chama do amor em meu coração, como uma tocha olímpica. Sei que Ele precisa de nós para que o mundo que Ele criou com tanto esmero finalmente dê certo. Seu maior desejo é poder desfrutar da intimidade do coração de todos os Seus filhos. E, em troca, Ele abre as portas do Céu e nos convida a entrar, de bom grado.

É esta a maior viagem, a maior aventura: caminhar pela vida com Deus ao nosso lado.

Um dia, eu Lhe disse que gostaria de escrever algo que tocasse o coração das pessoas para que elas passassem a vê-Lo como eu O vejo, a tê-Lo, também, a seu lado, todos os dias. Ele me respondeu, então, que sentasse e começasse a escrever sobre meu próprio despertar para a Sua Presença em minha vida. Foi o que fiz.

# O Fio da Meada

Estive em Sintra, pela primeira vez, em 1991. À época, pertencia a uma Ordem Iniciática que me proporcionou, e a outros irmãos dessa Fraternidade, uma viagem inesquecível e mágica aos lugares emblemáticos dessa Tradição na França, Espanha e Portugal.

A passagem por Sintra, nessa viagem, foi bem rápida, mas suficiente para despertar, em mim, a vontade de conhecer melhor vila tão encantadora. E esse encantamento tem me acompanhado como um feitiço, desde então, como um chamamento, como uma saudade de vivências que ficaram impregnadas no tecido espiritual daquele lugar.

Por anos a fio (de 1991 a 1999), esse chamamento-saudade me levou de volta àquelas montanhas na tentativa de decifrá-lo. Sempre que percorria os caminhos cobertos de névoa que serpenteiam pela Serra de Sintra, sentia minha alma transbordar de felicidade e reconhecimento. Minha alma comungava com a alma daquele lugar e se sentia no paraíso, mas "eu" não compreendia a razão de tanto contentamento, embora o sentisse em todas as fibras de meu ser.

Sintra era meu mistério, um enigma a esclarecer: "Decifra-me ou te devoro". Era assim que eu me sentia. Foi então que resolvi apelar para meus fiéis amigos de sempre: os livros. Comecei a percorrer as livrarias de Cascais e Lisboa em busca de pistas que desvendassem esse mistério. E, dessas viagens, trouxe muitos títulos sobre a história de Sintra e Portugal. Não a história oficial, mas sua história secreta: sua história oculta, espiritual e simbólica.

Em 2000, no entanto, mergulhei de corpo e alma em um trabalho de cunho espiritual com o qual me senti tão comprometida que não me permiti nenhum afastamento, por menor que fosse: voluntariei-me para prestar ajuda em um Centro de Umbanda (a "Casa das Águas") em seu serviço de amor e caridade. Assim, passei 7 anos sem viajar.

Porém, em 2007 – ano em que completaria 60 anos –, resolvi me dar um presente e comemorar meu aniversário no lugar que amava tanto. E foi aí que essa jornada, que eu me propus contar aqui a vocês, se iniciou. Aliás, começou bem antes de eu pisar no avião que me levaria até Lisboa.

Ao me despedir dos guias, no Centro, um de nossos mentores – entidade espiritual que se apresenta como Pai José – me fez uma recomendação curiosa. Ele me disse que ficasse atenta, porque eu iria encontrar uma abadessa em Portugal. Não me disse como nem onde, só me falou que, de alguma forma, eu iria encontrá-la. Que tinha sido uma mulher dotada de muito conhecimento, e que muitas mulheres pertencentes a Ordens Religiosas do passado também tinham sido, como ela, iniciadas nos mistérios da Tradição.

No dia seguinte à nossa partida, em uma reunião mediúnica, uma abadessa se apresentou deixando uma mensagem e dizendo chamar-se *Abadessa Francisca da Luz*. Pelo teor da mensagem, concluíram que havia alguma relação com minha viagem a Portugal e, por isso, fui logo informada.

Acreditando ser essa abadessa a mesma mencionada por Pai José, dediquei-me, de corpo e alma, a pesquisar sobre sua existência em alguma Ordem Religiosa de Portugal de séculos anteriores. Foram dias e dias de pesquisa sem encontrar nenhuma pista. Por fim, quando já estava desistindo de procurá-la, comecei a receber mensagens suas por meio do *TARÔ*. Eu iria encontrá-la no plano das ideias – onde ela podia me falar livremente – e não em registros históricos.

E o que ela me disse em Sintra, nesse nosso primeiro contato e em todos os outros, através dos anos, procurei registrar da melhor forma possível, embora consciente de quão limitadas são minhas palavras perto da beleza e da transcendência de suas mensagens.

Foi assim que aquele lugar abençoado abriu seus portais para mim – como eu tanto havia pedido – e eu os atravessei pelas mãos da abadessa Francisca da Luz.

# Primeiras Mensagens da Abadessa Francisca da Luz

### Sintra, 18 de abril de 2007

A todos os buscadores sinceros das verdades espirituais, afirmo que existe um caminho capaz de levar todo ser humano a *despertar a consciência de si mesmo e encontrar sua essência divina*. A entrega incondicional a Deus – *ao amor de Deus* – é esse caminho.

Para percorrê-lo, no entanto, é necessário que se dispam de tudo que possa ser considerado supérfluo ou excessivo e que tenham, como única meta e referência no caminho, o Pai e seu infinito amor.

Serenidade, silêncio interior, desapego, autocontrole, amor incondicional são alguns dos requisitos necessários.

Dar poder às trevas, cedendo às influências negativas, às pequenas tentações de todo dia, leva-nos, inexoravelmente, à queda e à submissão ao seu poder. Assim, urge combater, em nós, todas as fraquezas e imperfeições, todos os vícios e hábitos não saudáveis, todo apego ao lado material da vida, até sentirmos que somos nós a controlar nossas ações, até sentirmos que estamos no comando de nossas vidas. Até sentirmos que estamos sob o poder do Amor.

É preciso caminhar no sentido do despojamento total, deixando nascer em nosso interior uma nova força, uma força que vem de estarmos totalmente entregues à Luz.

Alcançado esse objetivo sublime, é nosso dever levar essa mesma Luz àqueles que precisam e procuram por ela.

Abadessa Francisca da Luz

## Sintra, 3 de maio de 2007

No Tarô, o "Mago" representa o ser humano que já começou a trilhar o caminho da transcendência, a se elevar (o símbolo do infinito paira acima de sua cabeça). Ele ainda está preso à "Roda" das encarnações e sujeito à Lei de Causa e Efeito. Precisa do arcano da "Justiça" para lhe inspirar razão, responsabilidade e equilíbrio em relação às escolhas de seu livre-arbítrio. Escolhas essas que estão diretamente ligadas ao arcano XV, que representa todo o apego ao lado material da vida.

Desde que consiga ultrapassar esse arcano (XV), poderá valer-se do dom, que é concedido a todos, de receber bênçãos e inspiração divinas para suas ações na Terra.

Deixando-se conduzir pela luz das "Estrelas", sua vida passa a fluir em total serenidade.

Abadessa Francisca da Luz

---

Em síntese, foi o que a abadessa me disse naqueles dias em Sintra, em nossos primeiros contatos.

De volta ao Rio de Janeiro, ela encerraria esse ciclo de mensagens com mais um chamamento para as verdades eternas, sempre por meio do Tarô.

## Rio de Janeiro, 23 de junho de 2007

O caminho proposto aos homens e às mulheres da humanidade terrestre é a *Via Cardíaca*, o *Caminho do Amor*. Por essa via, caminha o "Mago" em busca de Conhecimento e Sabedoria. Merece as bênçãos que lhe vêm do céu como estrelas cadentes. Faz-se "Justiça". Está na Terra e deve viver sua experiência na matéria com alegria, mas também com responsabilidade, porque sabe que será julgado e a verdade sempre prevalece.

Ele busca a iluminação espiritual e a terá. De fato, a "Roda" do destino já está girando, nesse sentido, para todo buscador sincero e determinado que faz suas escolhas com discernimento. Não é mais tempo de indecisões, a escolha tem de ser clara e racional.

Autodomínio é necessário, assim como total despojamento e desprendimento.

É um caminho que deve ser percorrido com a alegria de se saber um ser que busca a Luz. Tudo precisa ser transparente à sua volta e dentro dele. Nada deve impedir a passagem da Luz nessa busca pela união dos opostos, pelo equilíbrio, pela unidade e pela cura do corpo e da alma: a cura serpentina.[1]

Serenidade, harmonia, silêncio interior e amor no coração são os atributos que recomendo a todos.

Abadessa Francisca da Luz

---

1. **Cura serpentina:** processo de cura comandado por nosso ser interior por meio da ativação dos chacras e do despertar da energia kundalini, o Poder da Serpente.

# Um Sonho Intrigante

Essa viagem à Sintra, em 2007, durou dois meses (abril e maio). No primeiro mês, estivemos sozinhos, eu e Hélio – meu companheiro de viagens e da vida –, mas, no mês de maio, tivemos a companhia de mais dois membros da nossa Casa: a dirigente, a quem chamamos "Mãe", e meu irmão.

Na bagagem, traziam eles uma carta carinhosa de uma amiga do Centro, em que me relatava um sonho muito intrigante que tivera logo após nossa partida. Para ela nada fazia muito sentido, mas acreditava que pudesse fazer para mim e me ajudar em minha busca:

"Sonhei que você e eu passeávamos em uma bela e ampla avenida. Parecia um parque arborizado e suas ruas eram largas. Você me dizia que estava esperando alguém que lhe contaria o que fora buscar em Portugal. Essa pessoa contar-lhe-ia sobre as viagens portuguesas e sobre o elo com o *grande navio* que nos circunda neste momento.

Você mencionava um nome: era *Dinis* ou algo parecido. Também falava sobre a *rainha Santa Isabel* e mostrava uma mulher de branco que carregava um ramalhete de rosas. Eles indicavam uma Ordem – o nome era *Ordem de Cristo* – e diziam: *Todos estão ligados a um tempo passado... todos vocês estão ligados a esse tempo.*"

---

Logo identifiquei Dinis como o rei de Portugal que defendeu a Ordem do Templo e que, mais tarde, fundaria a Ordem de Cristo para acolher os Templários perseguidos pela Igreja e pelo rei de França, no início do século XIV. E a rainha Santa Isabel, como a mulher de D. Dinis e grande incentivadora do Culto do Espírito Santo, em Portugal.

Achei estranho, porém, que no sonho eu dissesse a essa minha amiga que estava aguardando D. Dinis porque ele iria me contar tudo que eu fora buscar em Portugal.

O que isso significava? Como ele faria isso?

Resolvemos, então, seguindo a pista do sonho e a orientação de Vovó Maria Conga – dirigente espiritual de nossa Casa, que nos "visitou" em Sintra –, viajar para o norte em direção à região dos Templários.

Foi uma viagem fascinante por Tomar e arredores, visitando castelos e igrejas que nos contavam, a cada passo, a história dos antigos Templários. Provavelmente nossa própria história, a julgar pelas sensações experimentadas.

Na volta, passamos por Fátima – centro energético e espiritual daquele país –, onde muitas emoções foram vividas, também. De fato, a viagem daquele ano foi marcada pelo sentimento de magia e descobertas espirituais, mas não ouvi D. Dinis nem a rainha Santa Isabel.

Pelo menos não daquela vez.

# Na Linha do Tempo o Eterno Recomeço, até Alcançarmos as Estrelas

Em novembro daquele mesmo ano (2007) – já de volta ao Rio de Janeiro e ao trabalho no Centro –, uma entidade espiritual, que se apresenta como Caboclo Ubirajara, veio ao nosso Terreiro[2] especialmente para conversar com a "Mãe", e eu fui chamada para anotar o que ele iria dizer. Parte do que foi dito, naquela noite, transcrevo a seguir, por considerar que suas palavras claramente nos apontavam um caminho:

"Houve um tempo em que não havia separação entre vocês, só a unidade. Mas vocês criaram o tempo, as famílias, as tribos, as nações e se separaram. Para nós o tempo

---

2. **Terreiro**: local, nos Centros de Umbanda, em que os médiuns incorporam seus guias para dar consultas e realizar trabalhos de limpeza energética.

não existe, nem tribos, nem famílias, nem nações. A família se faz onde quer que se esteja, basta abrir o coração.

*Vocês vieram de uma estrela e agora alguns estão se lembrando e tentando voltar para o mesmo lugar de onde vieram.* Eu não pertenço a nenhuma tribo, sou desgarrado. Por isso, posso estar em todos os lugares.

Muitos criaram rituais e se prenderam a eles, mas os rituais não são necessários, se agirmos com o coração. Você mesma (*referindo-se a mim*), quando pega suas cartas com carinho, sente que não há espaço para dúvida. Você sabe que está correta a leitura, independentemente de saber quem está trazendo a mensagem e qual foi o ritual usado...

A espiritualidade é como um navio de grande calado trazendo muitas coisas preciosas para nós, mas, por rudeza de sentimentos, não estamos prontos para receber e ficamos no cais aguardando que uma pequena jangada venha até nós com algumas das preciosidades trazidas pelo navio. Recebemos pouco porque não nos preparamos adequadamente para receber tudo o que o navio tem a nos oferecer...

A espiritualidade fica muito triste ao ver que séculos se passam e o ser humano continua rude de sentimentos em relação aos outros seres humanos.

Não perguntem por que eu ou por que nós, mas prestem atenção àqueles grupos de pessoas que viveram naquelas terras que vocês foram visitar e que tiveram seu trabalho interrompido. E em outros grupos que tentaram realizar trabalhos semelhantes e também foram interrompidos. Vejam até onde eles foram, porque é daí que vocês devem continuar o trabalho de vocês: de onde eles pararam. *Vocês devem dar continuidade ao trabalho iniciado por eles. Eles conheciam muitos mistérios."*

Até onde sei, e levando-se em conta o sonho relatado anteriormente, o Caboclo Ubirajara só podia estar se referindo aos Templários. Parecia estar se referindo, também, aos cátaros, perseguidos e dizimados pela Igreja Católica, no século XIII, por tentarem restabelecer o que consideravam o verdadeiro Cristianismo.

Mas muitas coisas aconteceram, a partir daí, que exigiram de mim total dedicação de meu tempo, e essas palavras do Caboclo ficaram esquecidas, mesmo estando tão diretamente ligadas a tudo que nos acontecera em Portugal, naquele ano.

Nos dois anos seguintes (2008 e 2009), houve uma espécie de recesso ou hibernação. Por motivos alheios à minha vontade, não pude viajar em 2008 e só voltei à Sintra em dezembro de 2009.

Mas, mesmo estando envolvida com tantos assuntos familiares e de ordem material, ainda encontrei tempo para receber algumas orientações, nesse período.

# Expandindo Horizontes

Após as primeiras mensagens da abadessa Francisca da Luz, em 2007, outras vozes se fizeram "ouvir" por meio do Baralho Cigano e do Tarô, e eu as "ouvi" com um misto de alegria, temor e dúvida. Por que eu? Por que Sintra? Por que tanta atração por aquele lugar, suas montanhas, seus caminhos, sua névoa sempre presente a encobrir um passado que eu insistia em desvendar?

Logo viria a descobrir.

Rio de Janeiro, 29 de janeiro de 2008

Há muito tempo, você foi iniciada em um culto ancestral em um lugar distante daqui, do outro lado do oceano. Hoje, para retomá-lo, você precisará promover uma mudança radical em sua vida, com coragem, firmeza e determinação.

Tudo vai depender da fé que você depositar nas orientações passadas por seus guias, principalmente seu mentor, Lírio Branco. Ele se manifesta sob a forma de um caboclo de Oxalá e, como tal, é rigoroso, determinado, severo, de valores morais elevados e muito exigente.

A indefinição, o não saber o que fazer, como agir, tiram sua paz e a adoecem. Agora o tempo é de viver conectada com o plano espiritual. O fato de você ter sido iniciada em um culto ancestral, naquelas montanhas, a atrai para aquele lugar, em uma volta necessária às origens desse culto.

Busque seu sonho! Ter uma casa do outro lado do oceano não é um sonho impossível.

D. Wladimir

## Rio de Janeiro, 26 de março de 2008

Trazer à luz um saber antigo, materializá-lo por meio da escrita usando as Cartas – os Oráculos – como instrumento, ser a portadora das mensagens dos ancestrais, requer uma postura de mais firmeza e decisão.

É preciso agir com independência, liberdade, autoconfiança e aprender a lidar com o oculto e a magia de forma responsável. Esse é um caminho seguro, mas está apenas começando. É seu caminho espiritual e você deve percorrê-lo com sabedoria.

Um novo tempo nasce. Os compromissos cármicos mais prementes já foram saldados. Nesse novo tempo de paz e harmonia, as portas se abrem para que você ultrapasse os limites do já conhecido e familiar, porque, sem transcender as relações familiares, você não poderá cumprir seu destino. Procure-o naquelas montanhas do outro lado do oceano.

Só você mesma poderá se desestabilizar e se causar sofrimento, de agora em diante, por pensamentos e sentimentos negativos. Se houver paz e pureza de propósitos, será o início de um tempo novo e feliz.

Lírio Branco

## Rio de Janeiro, 31 de maio de 2008

Esse novo caminho que se apresenta a você – o *Feminino Sagrado* – deve ser percorrido com muita sabedoria. Não se mostre, não se exponha. Saiba esperar o momento certo para explicitar suas ideias e seu novo modo de se relacionar com o mundo espiritual. A mudança deve ser gradativa, mas radical. Não apresse o processo. Alimente-se de vida, de natureza... floresça. Deixe que as raízes se fixem ao chão com firmeza e se alimentem no seio da Mãe-Terra; só então se permita ir ao encontro de si mesma, voar como os pássaros. Tudo é transformação: primeiro árvore, depois pássaro. Esse é seu compromisso.

Lírio Branco

Apesar do que me aconteceu em Sintra a partir de 2007 e que continuou a acontecer aqui no Rio de Janeiro – receber mensagens por meio dos Oráculos –, no Centro meu trabalho é totalmente diferente. Lá sou apenas uma dedicada auxiliar dos guias espirituais que, por intermédio dos médiuns da Casa, cumprem amorosamente sua missão de conduzir nossa reforma íntima, nossa transformação interior e de nos manter firmes no caminho do Bem.

Entretanto, nesse dia (21 de outubro de 2008), durante uma reunião mediúnica, algo inusitado aconteceu: senti um forte desejo de cantar a "Oração de São Francisco" e assim o fiz, em silêncio. Em seguida, alguns pensamentos me vieram à cabeça e eu os anotei:

"São Francisco é um modelo a ser seguido. Viver com simplicidade e verdade sua mensagem ou viver buscando segredos, mistérios e conhecimento oculto são níveis diferentes de evolução, sendo o primeiro o mais elevado.

Encontrar Deus é viver com simplicidade a mensagem de amor do Cristo, não buscar desvendar seus mistérios.

Doação. Nesse momento o chacra cardíaco precisa predominar sobre o mental.

Quietude e paz."

Mais tarde, uma médium que também participava do trabalho contou ter visto, junto a mim, uma freira com uma cruz e um buquê de rosas amarelas nas mãos.

Ao final da reunião, outro membro do grupo relatou ter tido uma visão de uma figura de túnica branca alvíssima e a desenhou para mim. Segundo ele, era uma vestimenta incomum, como se tecida com minúsculos cristaizinhos. Ao seu lado, uma pilastra sustentava alguns livros e pergaminhos onde ele apoiava sua mão esquerda. Na mão direita trazia um lírio branco.

Esse ser deixou uma mensagem para mim:

"Lírio Branco despido do corpo fluídico de um caboclo. O tempo está a teu favor, não hesites em mergulhar em tudo que te faça feliz.

Saudações fraternas"

Emoldurei o desenho e o pendurei em minha sala de estudos.

Do alto, Lírio Branco me observa, incentiva-me e não me deixa esmorecer. Sempre que me sinto cansada ou desanimada, a singeleza de sua presença me dá forças para continuar e me lembra de onde vim, o que vim fazer aqui e o que me espera ao final desta jornada. E essa certeza faz tudo valer a pena.

Durante o ano 2009 vivi muitos conflitos. O trabalho no Centro era muito intenso e meu comprometimento era grande. Mas não podia ignorar os apelos de minha alma, que gritava por liberdade, e me sentia mal, dividida entre o compromisso que assumira com a Casa e o compromisso com meu ser interior que se sabia pronto a me conduzir por novos caminhos. Eu sabia que precisava "voar", que precisava me sentir livre. Eram muitas questões a me consumir.

Em junho, a abadessa veio em meu socorro e me falou sobre as representações físicas do espiritual:

"Tempo virá em que não precisaremos mais de nenhuma representação física do espiritual, porque o amor já estará reinando no coração de todos. O amor, a simplicidade e o desapego: as representações do princípio feminino da energia cósmica. Os altares serão construídos, então, no interior de cada um.

O tempo vai trazer grandes transformações ao planeta. A energia masculina, que hoje impera, vai se enfraquecer e o equilíbrio entre as duas energias vai, finalmente, acontecer.

Todos estão sendo convocados a contribuir para esse novo tempo, porque é no exercício da simplicidade, do desapego e do espírito fraterno que fazemos por merecer as bênçãos divinas."

Sábias palavras, sábias e libertadoras. Onde quer que eu fosse, onde quer que eu estivesse, estaria honrando o Divino em meu coração, meu templo interior. E me senti livre.

Pouco tempo depois, em 19 de agosto de 2009, voltaram ao tema liberdade e me exortaram a expandir meus horizontes:

"Sentir-se livre vai lhe trazer de volta o poder e a responsabilidade sobre sua própria vida e, consequentemente, a saúde. Livre dos medos e da culpa, livre para seguir seu coração, livre para viver o que é certo para você.

É imperativo ultrapassar situações antigas e seguir em frente. As estrelas vão iluminar sua mente ainda presa a um tempo que já devia estar encerrado.

Em um lugar distante, você entrará em contato com sua ancestralidade e muitos segredos ser-lhe-ão revelados. Lírio Branco, seu mentor, tem o compromisso de ajudá-la.

Você vai receber o presente tão almejado de viver em seu paraíso terrestre.

Parta em busca de novos horizontes."

# O Caminho da Lua ou do Feminino Sagrado

Em dezembro de 2009, voltamos a Portugal para passar o Natal, mas, dessa vez, limitei-me a passear pelas ruas de Lisboa, Cascais e Sintra, a saborear castanhas assadas e o ar frio do inverno europeu. A verdade é que ainda alimentava algumas dúvidas sobre tudo aquilo que vinha acontecendo. Receber mensagens... Desvendar mistérios ocultos em Sintra... Por que eu?

Mas o tempo traz todas as respostas e foi assim que, em 2010, entre os meses de setembro e novembro, tudo mudou. Foi nessa viagem que eu fui apresentada, "oficialmente", ao que chamariam de Caminho da Lua ou do Feminino Sagrado, agora já confortavelmente instalada em um espaçoso apartamento com vista para a várzea de Sintra e para o Palácio da Pena.

## Sintra, 9 de setembro de 2010

É tempo de despertar, acordar para um novo jeito de viver, uma nova maneira de se relacionar com a vida e com você mesma; libertar sua essência, conectar-se com seu eu interior e com o Universo; deixar para trás tudo que aprendeu, dispor-se a caminhar sem bagagem alguma; entregar-se, seguir o fluxo da vida sem controle ou julgamento; não analisar para tentar compreender, apenas sentir.

É preciso estar consciente da necessidade de desapegar-se da matéria a cada instante, estar consciente dos pensamentos e das palavras pronunciadas para que reflitam amor, paz e harmonia, e, assim, elevar a própria vibração e a do planeta; renascer.

A Lua é sua força. Sua essência é feminina e lunar.

Está na hora de mudar a maneira de lidar com as coisas do espírito, esquecer as religiões, os dogmas, os ritos, as intermediações. A alegria está no contato direto com a Fonte, que deve prescindir do peso, da culpa e da dor com que vocês revestem as suas orações, como se fosse errado ser feliz, sentir alegria em viver.

A vida é para ser celebrada. A busca espiritual deve ser feita em total liberdade, com o coração cheio de amor e não de culpa e medo. Só é preciso sentir; abrir o coração e sentir, confiar, ter fé, acreditar.

Estar junto à natureza, onde as vibrações são mais puras. É lá que Deus está. Não há necessidade de construir templos de areia e pedra. Ele sempre estará onde os puros de coração estiverem, e estes não terão nada a temer. Não é difícil alcançar a Luz ou ser alcançado por ela, mas é preciso buscar, incessantemente, o equilíbrio e a harmonia.

Sua força está em manifestar o princípio feminino da energia. Aprenda a conectar-se com ele, a incorporá-lo, a refleti-lo, pô-lo em ação. É dessa energia que o planeta precisa.

Aprenda a canalizar a energia amorosa da era de Aquário. Esqueça o sofrimento da era de Peixes, esqueça o Jesus crucificado. Ele não quer mais ser lembrado dessa forma. Ele é Energia, é Luz, é Amor, é Bondade, é Devoção ao Pai.

Descubra a magia que há nas coisas simples do dia a dia. Esqueça os fenômenos, os grandes milagres e perceba os pequenos milagres que acontecem a todo instante quando estamos atentos e despertos. Sua força está em manifestar a energia lunar.

## Sintra, 14 de setembro de 2010

Nessa viagem a Sintra, você veio em busca de sua essência, de seu verdadeiro ser. Você veio ampliar a consciência de si mesma.

Para que isso aconteça, você vai precisar mudar de perspectiva, olhar a vida de outra forma. Você não está no controle de tudo, como imagina. Não pode controlar tudo, não tem esse poder. Abra mão do controle e se entregue. Com o tempo, você verá que as coisas vão correr muito melhor, e a vida fluirá como tem de ser e não como você acha que deve ser. Existe uma justiça cármica em ação e você não pode controlá-la. Então, relaxe e concentre-se apenas em ser o melhor canal possível para a Luz.

Desperte seus dons. Sua Mestra está à sua espera para lhe abrir as portas de um caminho que vamos chamar, por enquanto, de Caminho da Lua ou do Feminino Sagrado.

*Mas o que significa seguir o Caminho da Lua?*

Escolher seguir o Caminho da Lua significa aceitar certas condições:

1. Desconstruir o ego por meio do desapego e da entrega.
2. Utilizar a magia de forma consciente.
3. Manifestar a polaridade feminina da energia cósmica.
4. Conduzir a vida de forma autônoma e responsável, com coragem, determinação, autoconfiança, disciplina e equilíbrio.
5. Conquistar a si mesma antes dos objetivos escolhidos.

O cumprimento dessas condições permitir-lhe-á alcançar a clareza tão almejada e viver com alegria e sentido de realização.

*Como posso utilizar a magia de forma consciente?*

A magia entra em nossa vida quando aprendemos a depositar uma fé inabalável nas bênçãos e proteção celestes; quando nossa consciência está desperta para níveis mais elevados da existência; quando confrontamos nossa sombra e transcendemos os aspectos menos nobres de nossa personalidade; quando despertamos nossos dons intuitivos e nos deixamos conduzir pela sabedoria de nosso eu interior; e quando todas as nossas escolhas são feitas com discernimento e equilíbrio, sem descontrole emocional.

*E o que significa manifestar a polaridade feminina da energia cósmica?*

Significa manifestar o amor e deixar-se conduzir pela intuição. É viver com alegria, soltar-se, confiar, caminhar com leveza e sem bagagem (medos, traumas, angústias, mágoas, ressentimentos...). É viver a emoção que cada dia lhe reserva e ser grata por isso. É deixar-se banhar e envolver pela Luz e confiar nela. É acreditar na verdade de que você tem uma *Mestra* que quer guiá-la. Se ela é uma parte mais sábia de você mesma, se é um guia espiritual ou um anjo, não importa. A verdade é que é uma energia feminina que está pronta para ajudá-la.

Por fim, nada disso irá adiantar se não houver autoridade moral. Tudo que for sendo aprendido tem de transparecer em seu comportamento e suas atitudes, como um modelo, um exemplo a ser seguido.

Para manifestar a polaridade feminina da energia cósmica, confie em sua estrela. Confie que está sendo guiada para o que de melhor poderá lhe acontecer. Tenha fé, esperança e serenidade.

Equilibre suas energias trocando com a terra e se purificando com a água. Andar descalça na areia, na grama e tomar banhos de mar e cachoeira far-lhe-ão muito bem. Medite à noite, à luz das estrelas. Seja simples e despojada. Vista-se de natureza, alimente-se de natureza e terá serenidade, paz, aconchego, alegria suave e profunda, arrebatamento. A noite é sua amiga. Busque primeiro a luz das estrelas, aí está a sabedoria. Isso vai renová-la, despertá-la para uma nova maneira de estar na vida. Luz de velas, incensos, flores, beleza... Lembre-se de meditar sob as estrelas.

---

Mais tarde, nesse mesmo dia.

"Muitos aspectos da vida na Terra precisam ser mudados, transformados. Mude sua maneira de ver a vida espiritual. Não há regras, ritos, vestes, autoridade, falta de liberdade, obrigação. Esse é um jeito antigo de viver a religião. Esqueça os dogmas, os templos, os compromissos. O compromisso deve ser com sua verdade, com sua alegria, com seu bem-estar e sua paz.

O templo é a natureza e é você, que é parte dela. Não se preocupe com o que dizem as religiões. Nós somos energia. Eleve sua vibração e você nos sentirá e comungará conosco."

## Sintra, 26 de outubro de 2010

Se você busca a Verdade, busque-a na Lua – no Monte da Lua. Busque-a nessa montanha sagrada onde você se encontra agora. Apenas busque e confie.

Tenha coragem para viver uma vida nova e diferente. O lado mais material da energia feminina não poderá acompanhá-la por esse novo caminho que você pediu e lhe está sendo facultado. Desperte a sacerdotisa que há em você. Ainda é tempo.

Ligar-se à Mãe-Lua ou seguir o Caminho Lunar exige de nós um verdadeiro renascimento. Significa que devemos nos transformar e ascender a uma dimensão superior da vida, galgar um novo plano de existência.

Mas não se esqueça de que, enquanto em seu mundo interior você percorre o Caminho Lunar em busca de sua centelha divina, seu corpo físico ainda vive na matéria e precisa de cuidados e proteção. Não se descuide dele nem de seus afazeres da vida material.

Clareie todos os recantos de sua vida: da consciência às gavetas dos armários. Limpe tudo, organize, areje, dê o que não utiliza, livre-se do que não serve mais (de objetos a crenças). Alimente-se com sabedoria para entrar em harmonia com toda a natureza. Busque o sol, a vida, a alegria. Seja aquela que ilumina tudo e todos por onde passa com seu amor e seu carinho. Seja Luz, seja Amor, seja Paz e reflita essas qualidades em qualquer situação e onde quer que esteja.

Nesse ponto, lembrei de algo que havia escrito em 2008, um ano de muitos questionamentos e conflitos internos:

"Estou no mundo da Lua onde tudo é inconsciência, confusão, incerteza... Este é meu presente.
Daí vai emergir um novo eu, ou melhor, meu verdadeiro eu.
Nesse momento, quando o passado passou e o futuro começa, neste presente é que devo viver até que minha identidade se fortaleça e se estruture.
O Hierofante aponta para a Lua (o Feminino Sagrado). É a ela que devo me entregar, em um sacrifício voluntário e por amor a um ideal."

SINTRA
O MONTE DA LUA
A MONTANHA SAGRADA

# Conselhos para uma Transformação Interior

No início de 2011, organizando alguns papéis antigos, encontrei a transcrição da conversa, ocorrida em 2007, entre a entidade que se apresenta como Caboclo Ubirajara e a "Mãe" – já mencionada – em que ele diz a ela, entre outras coisas:
"*Prestem atenção àqueles grupos de pessoas que viveram naquelas terras que vocês foram visitar e que tiveram seu trabalho interrompido. Vejam até onde eles foram, porque é daí que vocês devem continuar o trabalho de vocês: de onde eles pararam...*"
Surpresa com suas palavras tão diretas e tão claras a respeito do futuro de nossa Casa, decidi voltar a Sintra, naquele mesmo ano, em busca de mais informações. Mas o ano estava só começando e eu resolvi não me expor aos rigores do inverno europeu. Preferi esperar pela primavera, com suas temperaturas mais amenas. No entanto, aquele seria um ano muito profícuo e, já em fevereiro, meu mentor Lírio Branco e a abadessa vieram me dar alguns conselhos.

## Rio de Janeiro, 1º de fevereiro de 2011

Você precisa buscar forças dentro de si mesma para começar uma vida nova, equilibrando melhor o feminino e o masculino. Esse caminho deve ser percorrido sem pressa, cuidadosamente. É uma busca solitária mesmo, solitária e interior. Só a harmonização de tudo à sua volta e dentro de você vai lhe trazer alegria, saúde e vigor. A saúde do corpo depende da saúde do espírito.

Você precisa atravessar um portal importante para chegar até você mesma, para se encontrar. E esse portal só se atravessa pela *transformação interior*. Sacrifique seu ego em prol de um ideal mais elevado, só assim o despertar para as verdades espirituais vai acontecer.

O equilíbrio entre o masculino e o feminino é a meta que todos devem alcançar. Você está muito voltada para o controle dos fatos externos da vida, esquecendo-se de incluir a intuição, a inspiração, a serenidade e outros atributos femininos ao seu dia a dia. E isso se reflete em sua saúde, porque você não encontra tempo para cuidar de si mesma com atenção e carinho. Você se sente responsável por tanta coisa, mas não arranja tempo para se dedicar ao que você gosta, ao que lhe dá prazer, ao que lhe faz feliz.

Sua força está na magia, e a magia está em viver com alegria e em contato com seu coração. Já disse anteriormente que a saúde do corpo depende da saúde do espírito. Então meu conselho é: transcenda, não se identifique tanto com seu corpo físico.

Lírio Branco

## Rio de Janeiro, 2 de fevereiro de 2011

A Justiça Divina está se encarregando, nos tempos que correm, de pôr abaixo tudo que o homem construiu com sua soberba, para que ele entenda que não precisa de nada além da fé e da confiança nas bênçãos e na Luz Divina.

Só transcendendo seus hábitos perniciosos, suas fraquezas morais e dando lugar à sua força interior ele poderá vencer a densidade vigente na Terra. E isso vale para você também.

Há muito que deixar para trás, muita coisa a abandonar, a esquecer. Muita "limpeza" a fazer, muitos sentimentos e crenças a descartar para alcançar a simplicidade como estilo de vida.

Despojamento e entrega aos desígnios superiores, aos ideais de pureza e elevação espiritual, é que vão fazer com que você atinja a plenitude do Amor-Sabedoria que almeja tanto alcançar.

Já disse, mais de uma vez, que dúvidas e indecisões só dão poder às trevas. Portanto, busque a luz do Feminino. O princípio feminino da energia divina está à procura de seres despertos para poder ancorar na Terra. Seja um deles e ajude outros a sê-lo também.

Abadessa Francisca da Luz

## Rio de Janeiro, 12 de fevereiro de 2011

Quanto mais você se despir das "vestes terrenas" e mais se entregar às "vestes lunares", mais forte vai ficar. As "vestes lunares" são a intuição, a sensibilidade, o amor, a harmonização com a natureza, o silêncio, a serenidade, a paz interior, a simplicidade, a beleza, o equilíbrio, a leveza, a quietude.

É preciso se afastar do burburinho da vida terrena para ouvir a voz que vem de seu coração. Voltar-se e abrir-se para a luz de sua estrela-guia é um ato de sabedoria; ouvir mais seus guias e protetores e menos as pessoas à sua volta é um ato de sabedoria; invocar a presença dos mestres espirituais e de seus mentores é um ato de sabedoria; acreditar na presença dos anjos em sua vida é um ato de sabedoria; entregar suas dores e sofrimentos para a Mãe Divina transmutá-los em saúde e alegria é um ato de sabedoria.

O propósito de sua vida é mesmo este: buscar, buscar e buscar as verdades eternas, sem esmorecimento. Mas aja de forma harmoniosa, tenha calma, tenha fé, tenha discernimento e seja paciente. Aproveite sua encarnação para purificar o máximo de imperfeições que puder. Faça seu próprio caminho por meio da energia lunar. Fortaleça seu lado feminino para que haja equilíbrio entre o feminino e o masculino em você. Integre essas duas energias.

Supere seus conflitos e dúvidas e siga esse novo caminho com confiança. Continue, mesmo não sabendo aonde ele vai levá-la. Essa é uma oportunidade que não deve ser perdida. É tempo de recomeçar. Mude velhos hábitos e ultrapasse suas fraquezas. Faça sua *reforma íntima* usando todos os recursos de que puder dispor.

Lírio Branco

## Rio de Janeiro, 15 de fevereiro de 2011

Uma fiel representante do Feminino Sagrado, na Terra, deve agir com paciência, serenidade e equilíbrio em todas as situações; viver de forma disciplinada e conviver amorosamente com tudo e todos. Não importa o que aconteça, não pode perder o equilíbrio e se desestruturar. Não pode deixar que a energia do outro penetre sua aura e a esvazie energeticamente. Não pode se magoar, ressentir-se e procurar meios de convencer o outro a mudar. Ela deve cuidar de si mesma a tal ponto que sua energia possa equilibrar e curar o outro por sua simples presença, sem necessidade de palavras. Ela é um exemplo a ser seguido e nada mais. Sem tom professoral nem a arrogância de se achar melhor que o outro. Essa é a atitude mais sábia.

Agindo de forma correta, você vai entrar na corrente de vida que vai alçá-la a patamares vibratórios muito mais elevados.

Abadessa Francisca da Luz

### Rio de Janeiro, 15 de fevereiro de 2011

Nos tempos que correm, a energia masculina que colabora com a densidade do planeta está sofrendo vários revezes. Se o outro quer continuar sintonizado com essa energia negativa e perdedora, não adianta você argumentar em sentido contrário. Mostre sua paz, sua felicidade, seu modo calmo e sereno de agir em qualquer circunstância: dizem que uma imagem vale mais do que mil palavras.

Entregue-se à beleza da energia feminina com sua sensibilidade, intuição, leveza, amorosidade e prossiga em sua busca espiritual. Seja feliz e serena em todos os instantes de sua vida.

A magia deve estar presente em cada minuto vivido por você, porque a vida é pura magia. A vida pode ser pura magia mesmo no meio do caos. Depende da faixa vibratória que você escolher sintonizar. Sintonize o amor, a luz, o perdão e todos os sentimentos nobres. Descubra a força da palavra. Purifique seus pensamentos. Entregue-se à energia curadora que se aproxima da superfície do planeta.

Eleve-se antes de pensar em elevar o outro. Simplicidade e humildade são bem-vindas.

O "Eremita" ilustra bem o que eu estou querendo dizer: ele carrega uma lanterna para iluminar seu caminho e seguir em frente. Sua busca é solitária, mas não egoísta, pois, ao levantar o candeeiro à sua frente, ilumina a estrada, também, para qualquer um que o queira seguir.

Abadessa Francisca da Luz

Esperei o inverno passar e, em maio, viajamos. Já havia sido alertada para o fato de que aquele ano (2011) seria incomum. Por alguma razão que não me foi explicada, os portais estariam mais abertos e muita informação e conhecimento chegariam até nós.

Por coincidência ou não, naquele ano recebi comunicações com muito mais frequência que nos outros anos. As palavras surgiam à minha mente em um fluxo contínuo e eu tinha até certa dificuldade, às vezes, para acompanhar esse ritmo com a escrita. Digamos que 2011 foi um ano em que se dedicaram a me treinar para um modo de comunicação diferente: de mente para mente, sem o apoio dos oráculos.

Foi um ano, também, em que comecei a vislumbrar por *flashes* de compreensão, aqui e ali, minhas outras encarnações passadas em Portugal e em Sintra, em particular. Eram como peças de um quebra-cabeça que eu fui montando com o passar do tempo.

Por conta disso, pouco a pouco fui "despertando" para a realidade do que eu estava vivendo. E não só. "Acordei", principalmente, para a responsabilidade que eu tinha assumido no plano espiritual, antes de reencarnar. Percebi quanto esperavam de mim, quanto contavam comigo e quanto precisava mudar para realizar, minimamente que fosse, essa tarefa hercúlea com a qual eu acreditava haver me comprometido.

E foi meditando sobre todas essas coisas que eu tive uma visão:

## Sintra, a Montanha Sagrada

Do alto da Pena[3]
vejo o tempo que não passa.
Cavaleiros do sagrado
cavalgam por entre montes e fontes:
visões de névoa e neblina.

O verde da paisagem
acalma meu coração,
que bate forte ao ritmo das lembranças
de tempos imemoriais,
de sons de cavalgada.

Por essas montanhas sagradas
meu ser se perdeu.
Em que ermo,
em que fonte,
em que curva do caminho se esconde?

Minha Senhora da Pena,
minha Senhora da Luz,
rogai por mim que sou filha da Lua,
rogai por mim que estou perdida
nas trilhas do inconsciente,
nas águas de minha Mãe.

---

3. **Palácio da Pena:** pequeno palácio construído em um dos pontos mais altos da serra de Sintra, que, pela sua beleza e diversidade de estilos, tornou-se símbolo da magia e do encanto dessa vila portuguesa.

# "Ouvindo" Suas Vozes

O fato de ter chegado a Sintra, naquele ano (2011), com uma torção no joelho acontecida na semana da viagem, contribuiu para que eu ficasse os dois primeiros meses (maio e junho) praticamente sem sair de casa. E esse pequeno detalhe fez com que eu passasse muito tempo sozinha na varanda do apartamento a olhar a paisagem, a meditar e a escrever o que eu "ouvia" em minha mente.

---

### Sintra, 15 de maio de 2011

*O que eu vim fazer em Sintra, desta vez?*

Templarizar-se, construir seu templo interior. A Ordem do Templo ainda existe na espiritualidade. Nós fazemos parte dela. Você e eu.

Buscar o divino é imperativo. Reserve momentos para entrar em contato conosco, aquiete os pensamentos e espere por nós, pelo que temos a lhe dizer. O Tarô não é importante agora, para este fim: nossas conversas. Não importa o dia nem a hora; sempre que puder, isole-se e prepare-se para escrever, é tudo que eu lhe peço. Há muitas coisas a ser reveladas.

Limpe seu corpo o mais que puder, essa recomendação é para sempre. Limpe, também, seu coração e sua mente e aguarde por nós. Essa é sua tarefa. Simplicidade e confiança são atributos que esperamos de você. Fique em paz.

*Devo dar continuidade ao projeto de pesquisa sobre os Templários em Portugal?*

Isso foi há muito tempo. Lá se vão mais de 700 anos. Não se preocupe tanto com os vestígios que eles deixaram na Terra, mas com o que ainda existe no éter espiritual.

Não se preocupe em demasia, em breve tudo ficará mais claro, muito simples e muito fácil para você. É só aguardar nossos contatos com paz no coração.

*E sobre o trabalho no Centro?*

O Centro, o centro... Todo centro é um ponto de energia que se expande. E nessa expansão, quanta coisa cabe!

Lá é um ótimo lugar para se estar e prestar caridade, desenvolver o amor ao próximo, a humildade, a solidariedade, a simplicidade. É um cadinho onde se leva a cabo a alquimia interior, onde se lapidam os sentimentos e as emoções.

Por ser um centro que irradia luz, sabedoria, misericórdia, alegria, verdade, força e, principalmente, amor, é um ótimo lugar para se estar. Entregue-se a essas energias benfazejas com o coração puro e verá quantas benesses estarão disponíveis para você: de saúde, de paz, de alegria e tantas mais.

Como já lhe disseram um dia, não é preciso compreender, basta sentir. Fique em paz!

Lírio Branco

**Sintra, 22 de maio de 2011**

*Sobre o poder da palavra:*

A palavra tem uma força criadora inimaginável para suas mentes tão limitadas. Se vocês pudessem alcançar essa compreensão, tudo seria muito diferente. Comece a praticar, você está no caminho certo.

Em relação aos seus problemas físicos, não se concentre muito neles, com o tempo eles vão ceder. À medida que for elevando o padrão vibratório de seus pensamentos e sentimentos, tudo vai melhorar.

Não alimente seus medos, suas inseguranças, seus conflitos. Você está entrando em um caminho novo de luz, paz e amor por si mesma. Não sinta culpa por isso. Mais adiante verá que poderá fazer muito pelos outros com o que aprendeu e com as novas experiências vividas.

*Sobre minha dificuldade para dormir:*

Você está preocupada com suas noites de sono, mas já avaliou o que você faz e pensa nos dias que antecedem essas noites? Nos pensamentos contraditórios, sem paz, sem harmonia?

Uma boa noite de sono começa com um dia bem vivido, com boa alimentação e hábitos saudáveis. Reveja seus velhos hábitos e transcenda-os, se não forem benéficos. Já parou para pensar no que há por trás de tantos hábitos aparentemente inofensivos mas pouco saudáveis? Já pensou que, assim como eu e outros seres iluminados a influenciamos para o bem, você também pode estar sofrendo influência de energias que não querem seu bem, que querem prejudicar você e o trabalho que se comprometeu a realizar? É tão fácil levar vocês para onde não devem ir ou a fazer o que não devem! Vocês até podem já ter controle suficiente para não prejudicarem outras pessoas. É mais evidente e mais fácil de evitar. Mas, quanto a vocês mesmos, por que se prejudicam tanto com maus hábitos aparentemente inócuos? É só pensar um pouco e buscar informação, porque informação já existe bastante. Mas sair da inércia e da acomodação de hábitos há muito arraigados é muito difícil para vocês, que vão postergando essa mudança para o dia seguinte até que uma doença fatal os acometa e invalide para a verdadeira vida.

Por que vegetar se podem viver, criar, voar, transcender, ascender na espiral evolutiva? Por que ser apenas homens se podem ser mais que humanos? Se podem sair desse ciclo de dor, limitação, infortúnio e desconforto?

Quando conseguem algo de mais valioso, materialmente, ou algo há muito tempo desejado, pensam que encontraram a verdadeira felicidade. Quão longe estão da Verdade! E você sabe disso. Já lhe proporcionamos a experiência da unidade no Amor Universal para que você despertasse e buscasse seu verdadeiro caminho de ascensão, aí na Terra, nessa passagem. Mesmo assim, quantos tropeços ainda a vimos dar. Mas, apesar dos tropeços, houve avanços também. Então, agora, acelere esse processo. Você já sabe o que há por trás desses maus hábitos, desses medos e dessas indecisões. Eles não são seus. Não os acolha, portanto. Por que acreditar mais neles do que em nós? Não se sinta tão frágil, não se identifique tanto com seu corpo físico. Ele é só um instrumento para seu verdadeiro eu transitar aí pela superfície terrestre.

Voltando ao seu sono ou à falta dele, mude seus hábitos, acostume-se a ir para a cama a horas certas e a acordar sempre no mesmo horário.

Mantenha uma rotina de orações de agradecimento, de alegria pelo dia, de louvação. Na hora de dormir, não peça nada para você nem para os outros, porque estará pensando em problemas e não é isso que se deve fazer à noite.

Concentre-se na respiração (lenta e ritmada) e faça alongamentos suaves para desfazer nós de retenção de energia. Aos poucos você vai aprender a se conectar com o Universo, a entrar no ritmo das estrelas, a se elevar, e o ritmo do sono se restabelecerá automaticamente.

Se quiser, pode pensar em mim quando estiver preparando sua noite de sono, mas "pense com o coração". Quanto menos palavras usar, antes de dormir, melhor. As palavras podem "acordá-la" com seus significados, ao invés de adormecer você.

Sei que gostaria de um milagre, que fizéssemos alguma coisa que resolvesse seu problema imediatamente. Mas não é assim que vai ser. Precisamos prepará-la para outras situações que vão exigir um empenho maior de sua parte. No fundo, você sempre quis seguir um caminho iniciático. Sua hora chegou. Então, deixe a acomodação e a inação de lado. Aí, na Terra, tudo deve ser conseguido por meio de uma aprendizagem. Discipline-se e persevere, portanto, porque assim ainda é a vida aí na Terra.

Seus sonhos não são bons porque seus ressentimentos e mágoas antigos ainda não estão curados, como você imagina. Eles persistem para que você perceba que ainda precisa mudar.

*Sobre a "Tradição da Lua":*

Houve um tempo, um tempo muito antigo, em que as mulheres tinham mais consciência de sua energia. A energia do feminino estava mais concentrada em seu ser do que agora, justamente porque a elas era vedada qualquer participação, em igualdade de condições com os homens, na sociedade. Isso fazia com que se voltassem mais para dentro delas mesmas e fossem mais conscientes de seu poder.

Algumas havia que usavam esse poder por intermédio do sexo para dominar os homens e tirar proveito de uma vida material mais conforme a seus desejos. Outras, por medo, abafavam essa consciência e se submetiam ao domínio masculino. O medo as enfraquecia. Porém, algumas, mais avançadas no caminho evolutivo, sabiam que esse poder deveria ser usado para fins mais nobres e dedicavam-se a cerimônias e rituais, estudos e encontros noturnos com a sabedoria da Deusa-Mãe.

A Lua é um ponto de concentração de forças, de uma qualidade da energia, no Cosmos. Mas as mulheres a reverenciavam como uma Deusa. Elas antropomorfizaram esse ponto de recepção e transmissão de energia.

Quando a reverenciavam, ofertando-lhe flores e outros presentes, orações e pensamentos de amor, ternura e bondade, estavam, na verdade, enviando luz e elevando toda a vibração do planeta em que viviam. E isto é o que importa: o amor, a delicadeza, o cuidado com todos os seres que dividem este canto do Universo.

São os bons sentimentos e os bons pensamentos que importam.

Naqueles tempos, elas assim agiam para expressarem a si mesmas livremente, porque não podiam fazê-lo de outra forma. Era palpável a energia que irradiava desses rituais para todos os cantos do Universo.

Hoje, a Tradição da Lua pode ser seguida de forma diferente. Quando você se comprometeu a segui-la, na verdade se comprometeu a reverenciar Deus em todos os seres da Terra: animados e inanimados. A respeitá-los e amá-los em todos os momentos de sua vida, não apenas nos momentos ritualísticos.

Hoje vocês são livres para expressar a si mesmas, podendo fazê-lo normalmente em qualquer circunstância.

E é isso que a Tradição da Lua espera de vocês, que reflitam a energia que vem dela, Lua, a todo instante, com sua vida exemplar, com seu comportamento solidário e amoroso, com o cuidado e carinho com seus semelhantes. Tal qual aquela funcionária de uma loja, em Sintra, que lhe chamou a atenção pela maneira afetuosa de lidar com as pessoas à sua volta (clientes e colegas de trabalho). Ela é uma típica, embora muito provavelmente inconsciente, seguidora da Mãe-Lua, da Deusa-Mãe, do Feminino Sagrado.

Compreendeu? Os tempos são outros. Reconheço que participar de rituais secretos é bem mais empolgante para suas necessidades de emoções, mas não é isso que realmente importa.

Faça de todos os momentos de sua vida um ritual de amor, de entrega a essa energia. Reflita sua luz e verá como, silenciosamente, vai se sentir a cada dia mais feliz. Pequenos gestos imperceptíveis, mas carregados de significado e magia, podem fazer parte de seu cotidiano. Traga-os para sua vida e verá como vai se sentir uma verdadeira sacerdotisa da Mãe-Lua.

Esse é um aprendizado importante que poderá ser registrado e passado adiante para outras mulheres de sua família. Pense nisso.

No mais, não se preocupe com tradições. São coisas antigas, próprias de outro tempo.

Lírio Branco

## Sintra, 27 de maio de 2011

Não se distraia mais com a forma das coisas como fez a vida inteira. Agora, você deve buscar a essência das coisas, a essência da vida, e é aqui que a achará.

Sempre que considerarmos necessário e prudente, chamá-la-emos à interiorização e a escrever o que temos a lhe dizer. Também pode nos perguntar o que quiser, quando quiser. Basta fechar os olhos, ir para dentro de seu coração, formular a pergunta e a resposta chegará a você cada vez mais clara, à medida que continuarmos a praticar essa forma de comunicação.

Não se preocupe com nomes, já os tive vários. Apresentei-me como Lírio Branco porque o lírio é um grande símbolo de pureza, a pureza que todos vocês precisam alcançar para entrar no Reino da Perfeição, no Reino de Deus.

O lírio representa muitas passagens minhas pela Terra – já falamos sobre isso –, assim como algumas suas também. Concentre-se nisso, tenha lírios em casa sempre que puder para que essa energia tome forma em sua vida e nos ambientes em que vive. Precisamos de você para dar continuidade a algo que está preso no tempo. Sou a voz que fala através do tempo. Por favor, ouça nossa voz... E escreva:

Cavaleiros e monges cavalgam por entre vales e montanhas. Andarilhos do tempo esperam quem os liberte dessas caminhadas sem fim. Têm esperança de se libertarem depois que puderem contar tudo o que se passou, da forma como se passou. Essa é sua esperança de liberdade.

Ainda estão firmemente ligados a esta terra porque precisam contar sua história. Ouça-a e conte-a para que libertem suas almas desse cárcere de névoa e mágoa. Perdoar é preciso. Perdoe por eles, ensine a eles como fazê-lo, mostre-lhes pelo exemplo.

O perdão é uma das faces do amor. Mostre-lhes sua paz, sua confiança em Deus, seu amor incondicional por todos os seres. Ajude-os a se libertarem dessas cavalgadas sem fim, a liberarem a dor e a desilusão. Mostre-lhes como ainda podemos cumprir nossa tarefa, nossa missão de séculos atrás. Mostre-lhes como o *Império do Espírito Santo* ainda pode reinar sobre a Terra.

Perdão, amor incondicional e paz!

Lírio Branco

**Sintra, 21 de junho de 2011**

Vejo em você uma grande oportunidade de dizermos o que precisa ser dito. Alguém que crê, alguém que ama, alguém que não se furta a nos ouvir, embora um tanto receosa e descrente, às vezes. Mas cada vez menos; a cada dia, menos. Parece que, enfim, você acordou, despertou para a importância desse projeto. Gostaríamos que se preparasse adequadamente, com afinco, com lucidez, com responsabilidade. Leve a sério sua missão que agora começa a se desenvolver verdadeiramente. Tudo que você viveu até agora a preparou para esse instante em que sua dedicação, seu amor, seu empenho e sua compreensão do momento por que passa a humanidade e seu planeta-casa vão ser tão necessários.

Enfim, você despertou, mas ainda tem muito a aprender sobre disciplina e hábitos saudáveis. Sem eles não iremos muito longe nem poderemos nos aprofundar nos assuntos.

Cuide-se, porque precisamos muito de sua ajuda. Esse é o foco que você deve ter agora. Deixe que o leme de sua nau seja conduzido por nós. Confie que navegará sempre por mares calmos, com brisa suave e noites estreladas e perfumadas. Os dias serão de um brilho intenso e as noites, de beleza e paz.

Nós a amamos muito e somos muito gratos, também. Cuide-se com amor que a Luz estará sempre com você e com aqueles que lhe são caros, mesmo que não os nomeie todos os dias em suas orações. O amor é a única forma de vida verdadeira. É pelo amor que nos abrimos à Luz que já nos pertence por direito divino.

### E o princípio feminino da energia?

Começarei falando de Fátima. Fátima é uma energia poderosa, como você sabe, mas Sintra também é, só que de uma forma um tanto diferente, e é isso que eu gostaria que você revelasse.

Hoje as coisas já estão mais facilitadas, porque muito já se escreveu sobre espiritualidade e mensagens canalizadas, e muitas pessoas já creem. A energia da Terra está se sutilizando, embora não seja o que parece.

Você olha para essas montanhas, para esses vales, para a vegetação exuberante, para os caminhos cercados de muros de pedra; olha para o Palácio da Pena a se destacar no horizonte, como um lembrete de uma época dourada em que Sintra viveu todo seu esplendor como "capital espiritual da Europa". Olha para essas paisagens tentando descobrir seus segredos ocultos, mas eles não se mostram a você, não ainda. Mas dia há de chegar em que você vai saber tudo e nada vai lhe ser mais ocultado. Prepare-se a sério.

---

Nesse instante, o "espírito do lugar" se manifestou e me deixou um recado:

"Há que merecer ouvir minha voz: a voz das montanhas, dos vales, dos rios, da vegetação. Só um contato de sua alma com minha alma poderá revelar meus segredos. Minha alma está pronta para lhe falar, mas você ainda não está pronta para me ouvir.

Para merecer ouvir minha voz, há que percorrer caminhos interiores de chuva e vento. Há que usufruir das minhas tempestades e neblinas. Há que ouvir o som do vento que uiva pelos caminhos, há que estar mais próxima à natureza com seus rigores e prazeres invernais, e não só com tempo bom e calmo. Há que se agitar quando o vento se agita, envolver-se. Há que limpar os canais internos por onde flui a energia criadora da Mãe-Terra. Há que viver mais o lugar, senti-lo mais próximo, adivinhar sua essência. Há que merecer."

---

Uma "voz" mais delicada e feminina me fala agora. Fala de gentileza, de delicadeza, de amor. De amor por mim mesma, em primeiro lugar. Diz que eu andei por muito tempo esquecida de me dar amor e que só considerava correto amar o próximo. Mas que esse amor que eu dou ao próximo não é o amor verdadeiro, ainda. Ainda é um amor mental, que deriva da vontade de ser amorosa. E explica melhor:

"O amor verdadeiro não nasce da mente nem da vontade; nasce de um coração amoroso, do amor por si mesmo que, a partir de si, transborda para os outros de forma natural e fluida, como um rio de águas frescas e cristalinas. Quando amamos a nós mesmos nos sentimos bem, profundamente felizes e, consequentemente, saudáveis e cheios de vitalidade. Amar a nós mesmos, todos os dias de nossas vidas, é imprescindível."

Foram suas palavras finais por hoje.

## Sintra, 27 de junho de 2011

Você precisa acordar mais cedo. As primeiras horas da manhã são muito propícias a esse tipo de exercício. As energias são mais puras, a lufa-lufa do dia ainda não começou completamente e tudo fica mais fácil. Você tem de se esforçar mais para cumprir o que combinamos há muito tempo. Asseguramos que não lhe custará muito. Pelo contrário, você ficará muito feliz com o resultado do trabalho e com sua capacidade para realizá-lo. Confie em nós. É pura magia, como você diria. É tudo de que precisa para se sentir plenamente realizada. É o cumprimento de sua missão. Esforce-se mais um pouco, organize-se. É necessário e é urgente. O tempo está passando.

Lírio Branco

## Sintra, 4 de julho de 2011

### Verdes Vinhas

Tudo era perfeito naqueles dias em que louvávamos o Senhor. Tudo fazia sentido, tudo tinha cor e aroma próprios. Nós éramos felizes e conscientes da importância de estarmos vivendo aquele momento e aquela existência. Tudo era perfeito. Éramos senhores de uma sabedoria que se ocultava das pessoas comuns, mas não éramos presunçosos nem nos sentíamos superiores. Apenas cumpríamos nosso papel naquela existência, assim como os demais cumpriam os seus. Todos éramos igualmente importantes para Deus e seus desígnios. Todos cumpríamos um propósito sublime com serenidade. Sentíamo-nos iluminados e plenos de amor.

Acreditávamos que era só uma questão de tempo até que toda a humanidade chegasse aonde havíamos chegado, e viveríamos todos na plenitude do amor de Deus. Era esse nosso sonho, nossa Verdade. Era nisso que acreditávamos. Era para isso que vivíamos e trabalhávamos. Não havia distinção entre nós, sentíamo-nos iguais. Nossas almas eram todas irmãs. Um dia, no dia em que todos tivéssemos alcançado a consciência de nossas almas, seríamos *Perfeitos*.[4] Era esta nossa forma de vida: buscar a perfeição, tornarmo-nos Perfeitos.

---

4. **Perfeitos**: referência aos Perfeitos, na seita cátara.

Mas não aconteceu como esperávamos e o sonho ruiu como um castelo de cartas. Recolhemo-nos, retiramo-nos e esperamos. É hora de regressarmos. Muitos de nós se propuseram a entrar novamente na densidade da matéria para deixar aí nossa mensagem, outra vez.

Depositamos nossa fé em ti e esperamos dezenas de anos até que acreditasses no que tua intuição te dizia há tanto tempo. Por favor, desperta de uma vez. As questões da personalidade, as questões do ego não interessam, são tão pequenas! Livra-te delas e abraça teu compromisso. É a única maneira de te sentires feliz e realizada.

# Tomar, Sintra, Fátima e a Sacralidade do Feminino

No final de julho, já contornado o problema no joelho, resolvi ir a Tomar para cumprir um dos objetivos da viagem, antes de voltar para casa.

Chegamos a essa vila templária, agora já tão nossa conhecida, às 13 h. Passamos pela Igreja de São João Baptista a caminho do restaurante, almoçamos e, às 16 h, já estávamos no Convento de Cristo.

Entrei sozinha e chamei por D. Dinis, a rainha Santa Isabel, meu mentor Lírio Branco e N. S. da Pena. Disse-lhes que eles haviam pedido que eu fosse a Tomar e, agora que eu estava lá, ia tentar sentir o mais possível a vibração energética do lugar.

Caminhei pelo convento, desci e subi escadas, percorri os corredores, sentei-me no refeitório, perambulei pela cozinha tentando imaginar como teria sido viver ali entre aquelas paredes de pedra.

No corredor dos quartos – enorme, com portas dos dois lados –, senti uma energia muito densa e preferi não ir adiante. Mas os demais ambientes não me incomodaram porque eram todos bem arejados e recebiam a luz do sol.

Caminhei bastante, tentando captar a energia do lugar e, depois, saí. Dessa vez não andei pelos jardins, como das outras vezes, porque saí por uma porta lateral, mas circulei bastante dentro do convento.

Ao voltar para o hotel, perguntei se queriam me dizer alguma coisa a respeito da visita que acabara de fazer, a pedido deles, e eles me disseram o seguinte:

"Existe um paralelismo entre Tomar e Sintra e entre Santa Isabel e a Senhora da Pena. É o que queremos que você descubra, porque é essa energia que deve vigorar daqui para a frente.

Pedimos que você viesse aqui não para lembrar feitos templários, mas para buscar o que existe de feminino naqueles ambientes. O feminino como energia, que pode e deve ser sentida pelos homens de hoje e do futuro. Era isso que nós queríamos que você viesse buscar aqui, em suas raízes templárias: *a sacralidade do feminino.*

Todos falam dos mistérios, das façanhas guerreiras e econômicas. *Queremos falar de sua alma como agrupamento humano com um ideal, uma meta espiritual a cumprir.*

Procure saber qual o papel da rainha Isabel nessa história da Ordem do Templo e da Ordem de Cristo. Fale do ponto de vista dela, como ela via o futuro de Portugal, o que era, para ela, o *Império do Espírito Santo* e o que ainda pode ser.

Agradecemos por ter vindo. Sabemos que não era isso que você esperava, mas é o que é. De qualquer forma, serve para lhe provar alguma coisa. O que dissemos não é, nem de longe, o que você esperava ouvir. Melhor assim, você se sente mais confiante. Fique em paz."

---

De Tomar, seguimos viagem até Val de Cambra, ao norte de Portugal, para passar uns dias na casa de amigos. Na volta, paramos em Fátima e visitamos a igreja nova.

A energia desse lugar me inspirou a perceber um elo entre Fátima e nossa Casa e, por isso, escrevi o texto a seguir. Insiro-o aqui porque esse elo ficou muito claro para mim, na ocasião. Mesmo agora, passados os anos, ainda o sinto com a mesma força e a mesma verdade.

### Fátima, centro energético e espiritual do planeta

No dia 13 de maio de 1917, Fátima nasceu para o mundo como um dos centros espirituais mais importantes do planeta por causa da aparição da Virgem Maria a três pastorinhos, a quem deixou mensagens dirigidas a toda a humanidade.

Desde então, milhares e milhares de pessoas de todo o mundo já se beneficiaram das energias amorosas e curadoras que emanam desse centro espiritual, em Portugal.

Mas Fátima é muito mais que isso.

Em um primeiro momento, essas aparições tiveram como meta ampliar o potencial de devoção dos seres humanos, elevando, assim, a vibração do planeta. Mas, hoje, esse centro desperta para um objetivo mais transcendente:

"Quando as energias da purificação tiverem libertado o planeta das correntes de forças que a involução lhe impôs, Fátima construirá a nova vida em perfeita harmonia com as leis cósmicas. O Centro de Fátima está reconhecendo e marcando os que se entregam à sua vibração de candura, paz e pureza, fruto do Espírito do Amor, e será o supremo coordenador do trabalho de reconstrução do planeta e orientador dos grupos de espíritos dedicados a esse trabalho. A energia de amor pela realização da vida sagrada é, pois, uma qualidade básica emanada de Fátima e muitos indivíduos, de diferentes regiões, estão ligados a ela.

Fátima, centro energético e espiritual, é uma cândida presença que cura o mundo ferido e vem recuperar o espírito de doação que a humanidade perdeu em suas atividades egoístas. Canal de clareza e equilíbrio, transmite ponderação nas ações e sabedoria nas decisões, possibilitando aos homens alcançarem a suprema bondade e misericórdia. De seu pulsar foi excluída a violência, de sua expressão apagou-se a agressividade. Escola de paz, prepara seus coligados para, em laços serenos, conviverem com outras realidades.

Fátima guarda a possibilidade de uma vida externa que expresse a pureza e a inocência originais. É o centro energético e espiritual guardião do arquétipo do 'paraíso terrestre', que deve ainda realizar-se em uma próxima etapa planetária. Fátima, expressando a vida perfeita, trabalha na redenção da matéria. Por isso, sua energia será mais conhecida após as forças involutivas terem sido retiradas da órbita planetária, tarefa purificadora que não cabe ao Centro de Fátima realizar diretamente."[5]

Nossa Casa Espiritual (a "Casa das Águas") está ligada, energeticamente, a Fátima por esses mesmos ideais de paz, pureza, bondade e misericórdia, que visam à transformação do ser humano para que ele possa participar da próxima etapa planetária revestido de sua glória original. De sua Estrela-Guia emana o mesmo "Espírito do Amor" que nos leva à realização – em nós e em nosso planeta-casa – da sacralidade da vida.

Fátima, expressando a vida perfeita, trabalha na redenção da matéria. A "Casa das Águas" trabalha na redenção dos corações humanos. Saibamos, pois, aproveitar essa energia curadora e amorosa que emana de nossa Estrela-Guia.

---

5. Trigueirinho, *O Ressurgimento de Fátima*. 6.ed.São Paulo: Pensamento, 2010.

## Só o Amor é Real

A viagem daquele ano (2011) terminara. Passamos três meses em Portugal, eu e Hélio, e depois voltamos ao Brasil. Como relatei anteriormente, passei a maior parte do tempo em Sintra por conta de uma torção no joelho que me impedia de andar livremente e que eu procurava sanar com compressas de gelo, anti-inflamatórios, visitas a um osteopata e, por fim, a um acupunturista especializado em medicina chinesa que resolveu a questão rapidamente. Sou muito grata a ele, devo registrar aqui.

Mas aquele foi um ano estranho. Aquela foi uma viagem estranha. "Ouvindo" suas vozes, escrevia sem parar e alternava estados de espírito que iam de uma crença total no que estavam me dizendo a dúvidas excruciantes sobre estar ou não em meu juízo perfeito. Foram meses difíceis, mas, ao mesmo tempo, arrebatadores. Como tinha uma necessidade incontrolável de entender o que estava acontecendo – e também por insegurança –, não me entreguei como deveria a essas energias que tanto poderiam ter me ensinado. Em vez disso, crivava-as de perguntas às quais elas, paciente e amorosamente, respondiam. Hoje lamento profundamente a oportunidade perdida, embora também compreenda minha atitude cautelosa, já que busco a Verdade e não fantasias.

Mas voltei para casa com dezenas de páginas repletas de respostas às questões que eu colocava, de coisas que queriam me dizer, de informações surpreendentes sobre outras encarnações minhas naquelas terras e muito mais. Ao final de tudo, e apesar de tudo, foi uma viagem maravilhosa.

Mesmo de volta ao Brasil, o ano ainda não terminara e os "portais", pelo jeito, ainda permaneciam abertos, como já haviam me dito que estariam naquele ano. E suas mensagens continuaram a chegar.

## Rio de Janeiro, 26 de agosto de 2011

Falo através do tempo, ouve minha voz. Ela ecoa nas montanhas, naquela montanha sagrada que é da Lua, naquele monte sagrado onde se ergue o Castelo do Graal, seu Graal.

Segredos devem ser desvelados, desvendados. Ouve, ouve minha voz. Ela já ecoou no deserto, um dia. Hoje ecoa pelos campos e pelas várzeas de Sintra. Se hoje sou cavaleiro alado, templário já fui, como tu.

Fala de nós, de nossas lutas, de nossa bravura, de nossa força. Conta nossa história, ela não pode ser esquecida.

Fala sobre o amor.

Eu sou a voz que fala através do tempo, ouve minha voz.

## Rio de Janeiro, 27 de agosto de 2011

Buscar conhecimento é seu destino. Comece uma vida nova, ainda dá tempo. Estamos todos a seu lado aguardando ansiosos por sua decisão. Libertar-se das amarras que a vida na matéria impõe é uma escolha que precisa ser feita. Aprenda a estar no mundo sem ser do mundo, pois esta é a vida que o Amor traçou para você: liberdade, prazer de estar no mundo, sentir sua pulsação, trocar com a natureza... Compreendemos suas responsabilidades com a vida material, compreendemos que muita coisa depende de você para acontecer, mas procure um ponto de equilíbrio para que possa viver de acordo com o que lhe foi destinado. Verá que será como sair das trevas para uma luz intensa. Persevere!

Seja luz, magia, leveza, liberdade e serenidade a caminho da Perfeição![6]

---

6. **Perfeição:** referência aos Perfeitos, na seita cátara.

## Rio de Janeiro, 21 de setembro de 2011

Passado, presente e futuro estão ligados por uma linha tênue e fina. O amor é essa linha tênue que liga suas várias experiências na Terra: essênio, cátaro, templário, rosacruz, espírita... Não importa o que você já foi, é ou será. Importa, sim, como você amou, ama e amará.

Sua religião é o amor. Nele você deve permanecer – não importa a identidade que seu corpo físico assuma – até que não precise mais voltar a este planeta, porque *só o amor é real*, o resto é ilusão.

Liberte-se da vida mundana, mergulhe nas águas vivas da verdadeira vida, a vida do espírito, e saiba que isso independe de se estar filiado ou não a algum grupo filosófico ou religioso. O caminho é pessoal e é encontrado no silêncio.

## Rio de Janeiro, 17 de outubro de 2011

Há algum tempo, algures, existiu um grupo de pessoas desprovidas de bens e de vaidades, que decidiu se afastar do mundo para viver seu ideal de amor e pureza. Escolheram uma gruta no meio de uma floresta e aí construíram seu castelo de pobreza, humildade e simplicidade. Eram seguidores de São Francisco. Viviam do que plantavam e colhiam, semeavam a paz e a bondade em seus corações e, em contrapartida, recebiam fartura de amor divino. Viviam como eremitas, mas eram felizes, de uma felicidade desconhecida na Terra. Acreditavam no sonho de uma vida após a morte cheia de doçura e paz. Viviam em total privação de bens materiais e prazeres mundanos, mas em seus corações abundava o amor por Deus e por seus semelhantes.

Pouco a pouco, seus modos afetuosos e bondosos foram conquistando as pessoas que moravam nas proximidades, que recorriam a eles para se curar de seus males físicos e emocionais. Recebiam a todos da mesma forma gentil e respeitosa, e era com espírito de humildade e oração que os acolhiam em suas modestas instalações. Vestiam-se pobremente e passavam frio no inverno, mas acreditavam que o corpo não importava desde que seus corações estivessem aquecidos pelo amor do Cristo. Suas almas viviam em permanente exaltação ante a magnitude da criação de Deus, que reverenciavam em todos os momentos de seu dia.

Viveram, ali, suas vidas felizes por muitos anos, até que a maldade, que ainda encontra abrigo em alguns corações humanos, tirou-os de seu paraíso terrestre. Esse lugar ainda existe, mas vazio. Nunca mais aquela energia pulsante de Luz se fez presente por aquelas paragens, por onde hoje passeiam almas carentes de Luz e mentes curiosas e insensatas. Mas, no éter espiritual, ela ainda vive e aguarda que canais humanos a recebam em seus corações e a reflitam.

Não mais como antes, os tempos são outros, mas como o tempo atual exige e permite.

Seja um canal dessa Luz amorosa, por São Francisco e Santa Clara. Paz!

---

Todas essas mensagens me trouxeram à lembrança uma experiência vivida muitos anos atrás.

Quando andava por volta dos 30 anos e rezava muito a Deus pedindo ajuda e esclarecimento sobre as questões da vida – para mim absolutamente incompreensíveis –, foi-me concedido viver uma experiência maravilhosa.

Sempre que a vida me permitiu, morei junto ao mar. Nesse dia, um belo domingo de sol, eu estava na praia e, como em todos os domingos ensolarados do verão carioca, a praia estava lotada. Entre conversas entrecruzadas e crianças correndo na areia, lia atentamente um livro de Allan Kardec sobre a doutrina espírita.

Naquela época, saída havia poucos anos de uma faculdade de Psicologia, não via com bons olhos as manifestações espíritas nem tinha familiaridade com o tema. Mas lia, por insistência de uma tia e por uma necessidade, que sempre me acompanhou, de desvendar os mistérios da vida e dos relacionamentos humanos.

Àquela altura, já tinha descartado a Psicologia como capaz de trazer respostas às minhas inúmeras questões existenciais (à exceção de Jung, por quem nutria e ainda nutro especial admiração). Buscava, então, em outra dimensão do Conhecimento, as respostas que a ciência me havia negado, à época.

Foi assim que aconteceu de eu estar, naquele domingo de sol abençoado, junto ao mar e com um livro da doutrina espírita nas mãos. Seguia atenta as ponderações do autor sobre o tema, quando resolvi levantar os olhos do livro para refletir melhor sobre o que acabara de ler. Nesse instante, algo muito difícil de explicar aconteceu. De repente, a percepção do ambiente à minha volta mudou e me vi envolta por uma sensação maravilhosa de amor e união com tudo e todos. Por alguns segundos – não sei quantos –, experimentei a Unidade. Eu estava unida a Deus, às pessoas, ao mar, ao céu azul, à areia, a tudo à minha volta, enfim. Não havia o outro, não havia separação, não havia desconforto de espécie alguma, só uma paz indizível, união e amor.

Quem vive essa experiência sabe que não há felicidade possível longe desse amor. Nenhuma experiência humana se compara a essa em intensidade, em verdade, em realidade, em beleza. E foi nesse dia que dei início, de forma consciente, à minha busca espiritual e ao que eu chamo de volta à Casa do Pai.

Viver para sempre no Amor Universal... O que pode o ser humano almejar que seja maior que isso?

# De Volta à Casa do Pai

Todas as dúvidas e temores sobre a realidade do que estava me acontecendo e sobre minha capacidade para receber mensagens de seres espirituais – que tanto me atormentaram no ano que passou (2011) – infelizmente ainda me acompanhavam, em alguma medida, no início de 2012. Ainda assim, eu planejava voltar a Sintra mais uma vez. Nos momentos em que o pêndulo pendia para a crença e se afastava da dúvida, eu percebia que ainda não tinha terminado minha história com aquele lugar. Aliás, só havia levantado uma ponta do véu que encobria as histórias que ele queria me contar. Então, eu precisava voltar. Mas voltar e continuar a duvidar também não fazia sentido.

Foi então que, em um dia de sessão no Centro, Pai José me chamou para me dar um "presente". Um "presente" que me fez acreditar em mim mesma e no que eu estava fazendo, enfim.

Ele me ditou uma oração e me recomendou que eu só a rezasse em Sintra. Segundo ele, essa oração iria me ajudar na conexão com meus ancestrais, que viviam naquelas montanhas.

Ao fazer as malas para voltar a Sintra, em 2012, essa oração foi o que eu levei de mais precioso:

"Deus de suprema bondade, aos vossos pés peço que me reveleis os segredos do Universo. Peço o bafejo da ancestralidade amiga, peço o doce som das ondas sacrossantas, peço a firmeza das rochas que o tempo não vence. Peço o caminho que a Mãe-Terra propicia, peço que me envolva o bailar das nuvens, peço a sabedoria dos astros. Tudo em santa comunhão com o Universo.

O Cristo me inspire, o Cristo me abençoe, o Cristo me fortaleça, o Cristo me cubra e me envolva com seu amor, por todos os séculos dos séculos. Amém!"

E, com o auxílio dessa Oração, continuei a "ouvir" suas vozes.

## Sintra, 6 de junho de 2012

Simplicidade é a palavra-chave para aqueles que desejam ascender, trilhar a senda da perfeição. Simplicidade e paz no coração. Com a paz vem a verdade e a força para mudar, para trilhar caminhos novos e desconhecidos. Os caminhos menos percorridos são aqueles que nos levam ao paraíso. Saber identificá-los é uma arte à qual nos devemos dedicar com afinco, pois essa é a verdadeira arte.

Ser feliz é uma arte, ser *Perfeito* também, por isso aprender a arte de viver é tão importante.

Você está no caminho certo, tomou a decisão mais acertada e por isso esse contentamento interior, essa felicidade que você sente agora. Uma felicidade calma e envolvente.

Elevar seu pensamento às esferas superiores é uma atitude sábia porque a mente tudo comanda. Esse é o primeiro passo na senda da espiritualidade: entregar-se com fé, amor e confiança às energias superiores e sublimes que se aproximam de você.

Seja feliz, seja você mesma; busque sua essência, a rosa de seu coração. Deixe que ela desabroche a seu próprio tempo.

Um amigo do espaço

## Sintra, 8 de junho de 2012

Caminhos essênios, cátaros, templários, rosacruzes, espíritas... como um fio d'água que brota de uma fonte cristalina e deságua na eternidade. O nome não importa, a energia, sim, é importante. Energia de Amor, de Luz, de Vida – a verdadeira Vida. Você faz parte dessa egrégora, dessa Fraternidade. Um longo caminho ainda há a ser percorrido, mas você está desperta, consciente do trabalho a fazer. Está sob nossa proteção e conta com a ajuda de todos os ancestrais de nossa Ordem.

Hoje não precisamos construir castelos, fortalezas, templos de pedra. Hoje construímos nossos templos no coração dos homens, porque é no coração que habita a centelha divina que herdamos do Pai, de nossa Origem, de nossa Fonte Criadora.

Há um caminho iniciático a ser percorrido: o caminho da transfiguração. Percorrido por Jesus e outros Mestres ascensionados, mas que se abre, também, a todos nós.

Eles vieram para nos mostrar como encetar o *caminho de volta à Casa do Pai*. O que só depende de nós. Só depende de você.

Um amigo do espaço

## Sintra, 13 de junho de 2012

O caminho da iluminação passa, necessariamente, pelo amor, pelo desapego, pelo desprendimento e pela ternura em relação aos semelhantes.

A centelha divina que existe em cada coração anima nosso ser divino de fulgores inimagináveis para nossa mente finita.

Vazio e plenitude, duas faces de uma mesma moeda. Não há plenitude de Deus sem esvaziarmos nossas mentes barulhentas dos assuntos mundanos.

Criar um espaço para Deus dentro de nós é um passo importante no caminho da iluminação. É como preparar um cômodo de nossa casa para recebermos um hóspede ilustre.

A casa é nosso ser que deve ser preparado para receber Deus, que é Amor.

Pense nisso e aja conforme sua compreensão do que lhe foi dito. Sua "casa" (seu ser) é digna de recebê-Lo? O que você pode fazer para melhorá-la? Reflita e aja.

Lírio Branco

## Sintra, 14 de junho de 2012

Você precisa buscar incessantemente a Luz para poder realizar o que a você está destinado. Precisa buscar mais experiências, mais conhecimento, sem esmorecimento. Trazer à Terra as mensagens do Céu exige muito rigor e muito estudo. Não se compare com os outros. É da natureza da tarefa que você escolheu realizar. Realize-se por meio do estudo, da busca do Conhecimento onde quer que ele esteja. A você foi dada liberdade para que possa bem realizar seu trabalho.

Um ser de muita luz a está conduzindo por esse caminho. Não tema. Pelo contrário, entregue-se a essa energia benfazeja, a esse ser que lhe traz as bênçãos do Feminino Sagrado através da luz das estrelas e da Lua. Beneficie-se de sua energia, mas renda-se, também, ao Deus de Bondade e Misericórdia, ao Deus do Amor. Pelo amor você precisa se transformar no que você, em essência, já é.

A entrega ao princípio feminino deve ser total, mas se curvar aos desígnios do Pai também é importante.

Quem realiza e completa sua tarefa no mundo desperta, na outra vida, no Reino da Luz.

Abadessa Francisca da Luz

A temporada de 2012 (de junho a agosto) não foi como a do ano anterior, em que fiquei presa ao apartamento por dois meses por conta de uma torção no joelho. Esta incluiu até uma viagem de "férias" ao Algarve (sul de Portugal), no mês de julho, a convite de amigos.

Passeios, boa comida, bom vinho, boa música, boa companhia. Dias muito alegres e divertidos, cheios de atividades bem "terrenas". Como eles sempre dizem, precisamos viver com alegria, embora sem excessos, para atrair boas energias.

Considerei a temporada de 2012 como um presente. Todas as dúvidas e incertezas já haviam ficado para trás, felizmente, e era para o futuro que eu olhava agora. Ainda tinha muito a fazer em relação ao meu aprimoramento pessoal e, sem isso, não iria avançar muito mais nesse caminho que escolhi percorrer nesta vida.

Decidi, então, que era hora de me dar um tempo para assimilar e pôr em prática tudo que já me haviam ensinado durante todos esses anos. E, assim, resolvi me despedir e entregar o apartamento.

## Sintra, 18 de agosto de 2012

Estou na varanda a apreciar a paisagem e a me despedir. Está uma bela tarde de sol e o Palácio da Pena, bem visível a se recortar no céu azul, impõe-se ao meu olhar. Talvez hoje seja uma das últimas oportunidades de quietude antes de irmos embora. Foi uma temporada diferente e a última neste apartamento. Decidi que era hora de entregá-lo e já estou arrumando as malas.

Hoje é sábado, ainda estou tranquila, mas, a partir de segunda-feira, meu foco vai ser o preparo da viagem de volta e a devolução do apartamento.

Portanto, se a senhora ainda quer me dizer alguma coisa, acho que este será o melhor momento. Há luz, há paz, há entrega, há amor no coração, há contentamento interno, há beleza, há quietude, há gratidão... e o canto de pássaros.

---

Apanhe uma de minhas cartas, apenas uma, e olhe-a, observe-a longamente, depois falamos.

Você apanhou a "Torre", bem significativa para os tempos que vivemos (desmoronamentos, perdas, doenças, acidentes, o Destino se encarregando de nos mostrar que estamos no caminho errado). É isso que está a acontecer, mas não precisa ser assim, não é necessário.

Agora tire outra carta e a sobreponha à "Torre".

Você tirou a carta da "Estrela". Vê quanta diferença?

Vê o despojamento, a reverência à natureza que tudo nos dá prodigamente, a proteção, as bênçãos, a fluidez da água que corre simbolizando o tempo que tudo traz para quem se entrega à Luz?

Era só isso que eu queria lhe mostrar: as escolhas que precisam ser feitas de maneira clara e as consequências que advêm de cada uma delas.

Fique em paz e não se equivoque mais uma vez. Seria uma pena!

Abadessa Francisca da Luz

# Parte II
# Os Mensageiros das Estrelas

"A única forma de lidar com um mundo não livre é tornar-se tão absolutamente livre, que o mero fato de você existir já representa um ato de rebelião."

**Albert Camus**

# Pai José de Angola

## 1

A liberdade é a irmã mais nova da fé. Só alcança a verdadeira liberdade ou libertação quem tem fé. Devemos descobrir em que acreditamos de verdade e, com fé naquilo em que acreditamos, seguir em frente sem nenhuma preocupação ou medo da opinião dos outros. As pessoas que se tornaram santas foram aquelas que se libertaram graças a uma fé inabalável naquilo que elas consideravam sua verdade. E, para isso, tiveram de enfrentar, muitas vezes, suas próprias famílias e o modo de vida e as crenças de seu tempo.

Dispor de si em nome da fé é a verdadeira liberdade, mas há que se ter cuidado e não se deixar influenciar por outras opiniões. Dispor de si pela sua própria verdade liberta, mas, dispor de si pela verdade do outro aprisiona.

## 2

Nossa Casa trabalha pelo renascimento de um tempo em que prevaleciam o amor e a caridade.

Causa tristeza constatar que falta aos filhos sensibilidade para perceber o que está acontecendo à volta.

A Umbanda criou uma receita muito fácil de felicidade. Ela criou um triângulo que aponta um caminho onde a base é formada pela *caridade*, representada pelos Pretos-Velhos, e pela *esperança*, representada pelas Crianças; e onde o vértice superior é a *fé*, representada pelos Caboclos.

A fé verdadeira é firme e inabalável como a energia do Caboclo e combina muito bem com a pureza que ele representa. É a energia mais próxima da natureza, que não precisa de roupa, que vive com simplicidade na mata.

Caridade é troca de energia, troca de sentimentos bons. E não existe sem o conhecimento e a sabedoria representados pelos Pretos-Velhos. É isso que traz a alegria.

Esperança é acreditar no porvir, crer que tudo pode ser melhor, e contentar-se com pouco, como as Crianças.

No centro do triângulo está o *amor*.

Vocês chegam trazidos pela fé do Caboclo, aprendem a caridade com os Pretos-Velhos para, no final da jornada, explodirem de alegria com as Crianças.

# Abadessa Francisca da Luz

## 1

O momento que se vive no planeta exige de todos interiorização, reflexão, a busca da sabedoria de suas almas. O tempo está passando depressa demais.

Acolham a Luz em seus corações, acordem de seu sono letárgico e assumam a responsabilidade sobre suas vidas e sobre o futuro da humanidade e do planeta, com urgência.

Suas emoções descontroladas, sua indiferença às coisas do espírito, sua desatenção às nossas advertências só os levarão ao caos, porque essa atitude os coloca sob o domínio das trevas.

A Luz já faz parte de sua essência, mas, para que ela atue em suas vidas, é preciso que vocês a invoquem e acolham em seus corações e mentes. Sentimentos e pensamentos envoltos em Luz resultam em uma vida de mais serenidade, harmonia e paz.

Por outro lado, precisam se conscientizar de que os tempos difíceis, conturbados e violentos que estão vivendo são consequência de suas ações pretéritas, não apenas como indivíduos, mas também como coletividade. Muitos resgates estão sendo acelerados para que os novos tempos possam chegar. Esperar por esses novos tempos com serenidade, paz interior e em harmonia com tudo e todos é a atitude mais sábia.

Mantenham a luz da esperança sempre acesa e cultivem o desapego. *A viagem para as estrelas não precisa de nenhuma bagagem além do amor que se leva no coração.*

## 2

Por tudo que se vive no planeta, nos dias que correm, todos estão sendo chamados, insistentemente, a despertar suas consciências. Faz-se urgente o despertar para o conhecimento de que a verdadeira vida não é a vida material. Repensem seus caminhos e suas escolhas. Os novos tempos exigem novas atitudes e uma nova maneira de compreender a vida.

O desapego é imprescindível para a elevação de suas vibrações e, consequentemente, das vibrações do planeta. Ajuda chega a todo momento e está à volta de todos. Basta que a aceitem com o coração puro, alegre e confiante.

Evitar o caos é possível. A resposta ao caos é o amor: amor incondicional, puro, divino.

Sacrifiquem suas pequenas vidas cotidianas no fogo do Amor Divino, com confiança, fé e vontade de renascer.

É tempo de agir. A Roda do Tempo está girando. Se não escolherem o caminho que irão seguir, a Vida encarregar-se-á de escolher por vocês: o joio já está sendo separado do trigo.

Ainda dá tempo de acordarem do sono da matéria: os anjos de Deus ainda soam suas trombetas. A Justiça Divina os espera com sua balança e sua espada. A escolha ainda é sua, mas não o será por muito tempo.

Devem ser sábios a ponto de escolher se alçar a estados superiores de consciência e viver na plenitude do Amor de Deus.

# 3

Mais uma vez insisto em que autodomínio é imprescindível para nos libertarmos de tudo que nos prende e nos acorrenta à densidade da vida na Terra e nos afasta de nossa essência divina. Quem não domina a si mesmo é controlado por forças e vontades alheias às suas próprias.

Com a disciplina autoimposta, com o seguimento das leis espirituais, vem o despertar; passo a passo que seja, o importante é despertar para a verdadeira vida, na qual há justiça, harmonia e paz.

A Lei nos impõe regras claras: devemos nos desfazer de tudo que é supérfluo, sejam objetos, desejos, pensamentos ou sentimentos, como o orgulho, a vaidade, o ciúme, a possessividade, a inveja, a maledicência e tantos outros do mesmo teor.

Devemos buscar a leveza, o essencial para uma vida digna, alegre, cheia de vitalidade e sabedoria, condizente com as verdades eternas. Caminhar com os pés no chão por caminhos seguros e com os olhos sempre postos no céu a contemplar as estrelas. Sentindo-nos Um com Deus. Sentindo-nos preenchidos por Sua Presença.

## 4

Quem está em busca da luz da sabedoria, quem está em busca do conhecimento das verdades espirituais, deve buscar em si mesmo pela meditação, reflexão, estudo e interiorização. Só alcançamos as estrelas por meio da sabedoria de nossas almas.

A Luz só se faz presente – só se entrega – àqueles que se entregam à sua busca com verdadeiro amor no coração. Esses terão clareza suficiente em suas mentes para discernir o certo do errado.

Quando despertamos das ilusões que a vida na matéria nos impõe, percebemos quanto é enganoso o poder sacerdotal, quanto devemos nos desapegar dos dogmas religiosos que aprisionam nossa mente e, por consequência, nossas atitudes; quanto e há quanto tempo estamos mergulhados em águas sombrias e perigosas; quanto estamos à mercê das marés do inconsciente coletivo; quanto estamos afastados de nosso próprio pensamento, da liberdade de pensarmos por nós mesmos e, portanto, afastados da sabedoria de nossas almas. Nossas almas precisam assumir o comando de nossas vidas para que possamos evoluir.

O que movimenta nossa vida em direção a esse despertar para nosso ser interno – que é Deus em nós – é o fato de prescindirmos de intermediários para contatar o Divino. É o fato de retomarmos o poder sobre nossas vidas, nossas mentes, nossos corações. É recordar que a força está em nós, porque o poder que reassumimos como nosso, na verdade, é o poder de Deus, do Pai. O poder e a força que emanam da Divindade que habita em nós e em todas as coisas.

## 5

É preciso uma confiança infinita na sabedoria de nossas almas, uma confiança infinita em nossa própria força interior e uma compreensão elevada sobre nós mesmos: quem somos, de fato, para além de nossa aparência externa?

Por mais que essa expressão já esteja desgastada, é de autoconhecimento que precisamos para irmos além do racional. Se estamos vivendo na matéria, é preciso que bem compreendamos que não devemos negá-la nem deixarmos de usar a razão. O que devemos abolir são os excessos que levam ao desequilíbrio.

O caminho do despertar é longo. Uns levarão mais tempo, outros menos. Mas, já na encarnação atual, todos podemos despertar para o conhecimento de onde viemos e para onde estamos indo.

Já ajudaria, e muito, saber que não somos folhas a voar ao sabor do vento, que todos somos responsáveis pelo que nos acontece. Que o que nos acontece agora é sempre consequência de uma causa posta em andamento por alguma atitude no passado. E que nossas atitudes, no presente, por menores que sejam, estão a moldar nosso futuro.

Quando deixamos nosso eu interior nos conduzir, quando pautamos nossas escolhas por nossa sabedoria interna – o que é uma decisão extremamente racional e inteligente –, a Justiça Divina se coloca a nosso favor e equilibra nosso carma, muitas vezes sem que precisemos passar por nenhum sofrimento. Porque não há por parte de Deus – que é Amor – a vontade de nos ver sofrer, pelo contrário. Basta que abramos nossos corações para as verdades espirituais com sinceridade e procuremos segui-las, mesmo que em passos ainda vacilantes, para que todo o Bem do Universo nos seja facultado, pois todo o Bem está à nossa disposição, sendo nós mesmos a fecharmos as portas a ele.

Há de chegar o dia em que aprenderemos a contatar o Divino sem necessidade de intermediários. Esse processo, aliás, já está em curso. Porque o Divino, na verdade, já está em nós, faz parte de nós como uma pequena centelha de luz abrigada em nossos corações. Mas é preciso que façamos essa luz ficar cada vez mais forte.

Mesmo encarnados, mesmo no atual momento do planeta, em que tudo parece estar se desintegrando (física e moralmente), ainda há espaço para a esperança. Só que não devemos nos iludir mais buscando-a em movimentos sociais ou políticos. A mudança só virá por meio do indivíduo. Se o indivíduo não mudar, a sociedade não muda.

Boas intenções, bons sentimentos não se impõem pela força, há que haver uma mudança real em cada coração e é isto que devemos pedir em nossas orações: que os corações se modifiquem, transformem-se. Devemos rezar pela paz, pela harmonia, pelo equilíbrio, pelo amor, para que os bons sentimentos despertem no coração de cada um e de todos. Essa é a magia que devemos invocar nos dias de hoje. Rezarmos para abrirmos os portais por onde o Amor vai chegar, com intensidade cada vez maior, para que a Luz se expanda e expulse para o nada a escuridão.

Da mesma forma, só acendendo e fazendo brilhar, cada vez com mais intensidade, a luz que hoje apenas bruxuleia fracamente em nossos corações, expulsaremos de nós as sombras que nos acorrentam a uma vida falsa e ilusória.

# 6

Sábio é aquele que procura Deus por seus próprios meios, pois dia virá em que pessoas ou instituições não mais se autodenominarão autoridade em relação à vida espiritual de outros. Dia virá em que cada indivíduo será o responsável por sua própria vida espiritual.

O conhecimento de Deus prescinde dos dogmas e regras das religiões instituídas. O conhecimento de Deus é, na verdade, uma experiência pessoal.

Não se pode dizer que seja um caminho fácil de percorrer. Muito mais fácil é cumprirmos algumas poucas regras já estabelecidas e deixarmos a cargo de outros nossa "salvação". Mas, para aqueles que se dispõem a buscar a verdadeira vida, o caminho é claro: com as novas vestes da simplicidade, do desprendimento e da paz interior, tal qual um peregrino moderno, sair em busca de si mesmo para encontrar Deus.

O envolvimento com a vida material nos mantém presos à roda das encarnações. A atração da matéria é muito forte para os seres humanos que, presos a essa ilusão, acreditam que tudo se explica pelo destino. Mas, quando entendemos que somos responsáveis por tudo de bom e de ruim que nos acontece, percebemos, também, que podemos mudar e transcender essa realidade. E que a alegria verdadeira não está nos prazeres tão procurados e que nunca nos satisfazem, deixando um vazio cada vez maior dentro de nós. Ao contrário, a alegria verdadeira é nos libertarmos dos desejos.

Quando nos damos conta de que podemos prescindir das distrações que a vida material nos oferece, aí sim encontramos a verdadeira felicidade, a liberdade, o caminho, a estrada iluminada.

Uma escolha precisa ser feita com clareza. E essa não é simplesmente uma escolha da mente, pois, mesmo que não a façamos de modo consciente, nossas atitudes, pensamentos e sentimentos a farão por nós.

Precisamos decidir o que queremos para nós, daqui para a frente: continuar presos a um plano de existência de tamanha densidade – neste ou em outro planeta qualquer – onde a dor e o sofrimento sempre estarão presentes, ou seguir para planos de existência mais elevados – menos densos – onde impera o Amor?

Para aqueles que resolverem atender ao chamado do Espírito, o conselho é que, primeiramente, travem o "bom combate" em si mesmos e se libertem das paixões que os mantêm sintonizados com as correntes da densidade material (vícios, dependências, maus hábitos, pensamentos e sentimentos negativos...), e, depois, entreguem-se e abram seus corações à energia amorosa que, do Cosmo, nossos irmãos mais velhos emanam para nosso planeta, em um serviço de amor fraternal.

# Lírio Branco

## 1

Nos tempos que correm, muitos já estão sendo impelidos a buscar caminhos de mais liberdade para sua vida espiritual. Caminhos que não constranjam sua individualidade, mas que, ao contrário, a favoreçam e valorizem seu livre pensar. E esse movimento é muito saudável, porque o tempo das religiões instituídas um dia vai passar.

Uma grande transformação, na humanidade terrena, está sendo conduzida por seres superiores: as pessoas estão sendo levadas a acreditar em seu próprio poder de transformar suas vidas, de tocar o sagrado com seus próprios recursos internos, sem necessidade de intermediação. *Essa é a verdadeira religião, a verdadeira revolução.*

Renasce o poder do *Feminino Sagrado*. Todos devem se preparar para receber essa nova energia que está vindo equilibrar o excessivo materialismo que permeia o planeta.

Cada um deve se responsabilizar por conduzir sua própria busca, acender sua própria luz, escolher mudar a maneira de olhar a vida, aceitar sacrificar certos aspectos de seu cotidiano em nome de um ideal mais elevado. Ainda há esperança para os homens.

As pessoas devem ser alertadas para o que está por vir, para as consequências de seus atos, para a responsabilidade de todos e de cada um com o que acontece ao planeta e à humanidade e, claro, com sua própria evolução. Advertidas de que o poder, cada vez maior, que se dá a tudo que é material é ilusório e não conduz ninguém à felicidade que elas tanto buscam. E alertadas, também, de que essa nova energia que quer se instalar no planeta exige que cada um se responsabilize por sua própria vida espiritual, sem delegar a outros o privilégio de contatar o Divino.

O modo como se vive a espiritualidade precisa ser mudado. Para começar, terão de aprender a ter disciplina e equilíbrio em tudo que fazem. Devem ter a própria vida em suas mãos, conduzindo-se com firmeza, sem se dobrarem a impulsos, sejam eles quais forem. Não existem tentações maiores ou menores, todas os prendem à densidade da matéria e, assim, a oportunidade que lhes está sendo oferecida se perde. Todo cuidado é pouco.

Se desejam alegria, não a confundam com prazeres efêmeros. A alegria liberta, o prazer aprisiona.

A alegria, vocês poderão encontrá-la no serviço à causa do Amor e da Luz, na entrega desinteressada a um ideal elevado, à energia que envolve a Terra neste momento abençoado por que passa o planeta.

Sejam um canal receptivo – e cada vez mais puro – a essa energia amorosa. Nós precisamos de pessoas encarnadas que assumam esse papel. Precisamos ancorar o *Feminino Sagrado* no planeta para que consigamos transmutar toda a negatividade que o envolve.

## 2

Estamos vivendo um final de ciclo, um momento de grandes transformações. Há um divisor de águas à nossa frente e todos estamos sendo convocados a uma grande e definitiva decisão. Não há mais tempo para protelações.

A mensagem de amor e união que nos foi deixada há mais de dois milênios precisa ser implantada, definitivamente, na Terra, e é a esse serviço que estamos sendo chamados. Precisamos mostrar, com clareza, por pensamentos e atitudes, de que lado queremos estar.

Não se vence o inimigo com preguiça, tibieza ou inércia, esteja ele dentro ou fora de nós. Nossas fraquezas e imperfeições também são inimigos a combater, porque nos impedem de alcançar o objetivo comum a toda a humanidade, que é voltar à sua origem divina.

Nossas armas, nessa cruzada, são o *amor* – traduzido em equilíbrio, harmonia, paz interior, moderação, paciência, espírito de conciliação e tolerância – e a *força interior* – traduzida em determinação, coragem, disciplina, persistência, honestidade, integridade e transformação das paixões materiais em energia espiritual.

Esse processo de transformação por que passa o planeta pode se constituir, para alguns, em momentos de dor e de sofrimento – a necessidade de limpeza, de expurgo das energias densas que envolvem nossa morada planetária assim o exige. Mas esse processo também pode ser vivido sem medo ou até esperado com alegria, se tivermos consciência de que se trata de um processo alquímico necessário ao planeta e à sua humanidade de superfície.

A "Temperança" é o arcano da alquimia e simboliza o novo ser que renasce para uma dimensão superior, depois da passagem por um processo transformador e transcendente.

Esse arcano (a "Temperança") simboliza a harmonia no nível do chacra cardíaco, o controle perfeito das emoções. Tudo isso pode ser traduzido, muito simplesmente, pela tão conhecida e tão propalada *reforma íntima*.

O que é pedido a nós, neste momento, é que trabalhemos, incessantemente, na busca das verdades mais elevadas do espírito. Essa é uma busca solitária porque voltada para nosso interior. Busca que deve ser feita com discernimento, equilíbrio e sabedoria, silenciando a mente para que possamos ouvir a voz que fala ao nosso coração.

O processo de purificação da Terra já está em andamento; agora não podemos mais detê-lo, mas podemos amenizá-lo com a força de nosso amor e nossa entrega incondicional ao Plano Divino. Não é hora de temer pelo que poderá nos acontecer ou a outros irmãos; o momento é de confiar e esperar com alegria pelos novos tempos, de vibrar amor e união.

A verdade é que energias benfazejas se aproximam da Terra, mais uma vez, na tentativa de reconduzir o planeta ao lugar que lhe está destinado no grande concerto cósmico.

*Hierarquias Estelares*[7] se aproximam para nos levar de novo a fazer parte da *Grande Fraternidade Universal*.

---

7. **Hierarquias Estelares**: consciências que transcenderam a evolução material e se integraram ao Serviço, em seu sentido cósmico e abrangente.

Mas, sem que despertemos em nós esse sentimento fraterno pela humanidade terrestre, não podemos aspirar a fazer parte dessa grande comunidade de seres iluminados e espiritualmente mais elevados que nós.

Devemos fazer brilhar, cada vez com mais intensidade, a centelha divina que o Deus supremo implantou em nossos corações quando d'Ele decidimos nos separar no início dos tempos, no início da nossa história como seres separados da Fonte.

Não devemos focalizar nossa atenção no que está sendo destruído: no sofrimento, nas perdas, na dor e na violência. Esse é um processo necessário de limpeza e expurgo de energias excessivamente densas e materiais.

Devemos olhar para o futuro e nos ofertarmos como instrumentos, como canais cada vez mais puros, para ajudar essas *Hierarquias Estelares* a implantar na Terra o *Reino de Deus* que tanto pedimos quando rezamos o *Pai-Nosso*.

Mesmo em meio ao caos, podemos e devemos nos abrir à alegria, à paz interior, à serenidade, à beleza, ao conforto íntimo e aos sentimentos de amor fraterno que esses seres nos inspiram. Aconteça o que acontecer, essa conexão deve ser mantida, em nosso benefício e de todos que estiverem à nossa volta. Nossas vibrações de paz, de fé, de amor, de esperança, de alegria vão curar o planeta e sua humanidade.

Talvez não haja um momento único e dramático para essas Consciências se apresentarem a nós, pois elas se fazem presentes a cada vez que um de nós desperta sua própria consciência da ilusão da matéria e se põe a serviço do Plano Divino, dando-lhes, assim, autorização para agir por nosso intermédio. Mas, se o número de consciências despertas se mostrar insuficiente, talvez esse momento dramático realmente aconteça.

# Um Amigo do Espaço

## 1

Viajantes do Tempo,
para onde vão, de onde vieram?
É tempo de despertar do sono da alma.
É tempo de despertar do sono da consciência, e voar,
e partir com rumo certo: rumo às estrelas.
Por mais deslumbrante que seja a Terra,
hão de partir para as estrelas.
Porque das estrelas vieram
e para as estrelas hão de voltar.

---

Viajar no tempo, no tempo sideral.
Sidérea ilusão de quem no tempo se esconde.
Para que viajar no tempo se o tempo não existe,
peregrinos do nada que não chegam a lugar algum?
Para que viajar no tempo se o tempo não os acolhe,
se o tempo não os conforta,
se o tempo não lhes aponta o caminho?
Caminho que vai dar na porta de saída do tempo?

## 2

Vim, conforme prometi. Vim de muito longe para lhes dar as boas-vindas a um novo tempo, a um tempo de paz e amor, um tempo de gratidão e louvores.

Vim para lhes mostrar como é possível viver em seu planeta uma nova etapa, um novo ciclo envolto em Luz.

Sou um guardião do Tempo. Sou aquele que reza por vocês ao Pai de todo o Universo, aquele que sente compaixão por esses irmãos que ainda sofrem a dor de viver na densidade.

Quero dizer a todos que é possível viver em harmonia com seus semelhantes em um elo de amor fraterno e gratidão pela vida. É possível, senhores, viver em paz e harmonia com vocês mesmos e com todo o Cosmo.

Nós, irmãos da *Grande Fraternidade Cósmica*, os saudamos. Sua hora é chegada. Acolham a Luz em sua consciência e em seus corações, pois é isso que terão, daqui para a frente, todos aqueles que pedirem e orarem por ela.

Que a paz esteja em seus corações e mentes.

## 3

A Luz infinita de Deus permeia todo o Universo. Graças a ela vocês ainda vivem aí na Terra e em outras partes dessa galáxia.

Saibam distinguir entre Luz e sombra. Entre o Bem e o mal. Saibam ouvir as mensagens consoladoras e de advertência de seus Mestres e Guias.

A Verdade existe, esplendorosa, para quem se dispõe a ouvi-la. Sejam daqueles que estão dispostos a galgar esferas de Luz onde as sombras não existem, onde o mal não existe.

Aprendam a se abrir para o novo.

## 4

Ouçam nossa voz porque um brado ressoa no Universo. São os cavaleiros do apocalipse ávidos por destruírem o que o Pai criou com tanto encanto.

Ouçam nossa voz porque ainda há tempo de se salvarem do que parecia, até há pouco tempo, inevitável.

Ouçam nossa voz porque ela já bradou um dia no deserto e não foi ouvida como deveria. O tempo urge, o tempo é agora, depois será tarde demais.

Ouçam nossa voz, é só o que pedimos. Abram seus olhos, suas mentes e seus ouvidos.

Ouçam, ouçam nossa voz que clama... que clama... que clama... Ouçam nossa voz!

## 5

Voltem-se para a Luz que emana do Criador para sua criação – vocês. Banhem-se nessa Luz porque o tempo é chegado. Tempo de lutas, de batalhas sem fim contra o mal que assola as criaturas de Deus.

Nenhuma trégua é possível, nenhuma trégua é aceitável. Ouçam-nos, ouçam nossa voz que clama no deserto de suas consciências embotadas pela luxúria, pela concupiscência, pela preguiça, pela indolência.

Façam de suas vidas um exemplo de perseverança, vocês que são canais da espiritualidade, vocês que são exemplo e modelo de vida correta para todos aqueles que privam de sua companhia nessa vivência terrena. Exemplo pelo que fazem, não pelo que dizem.

Exemplo de uma vida vivida na serenidade da Luz, na beleza, no amor, na harmonia, no silêncio interior.

Fiquem em paz, caros irmãos, e perseverem, porque os tempos são chegados.

# Da Relevância da Pena e da Irrelevância do Eu

Escrevi este livro com o objetivo de levar a vocês as mensagens que venho recebendo desde 2007, quando, em Sintra, encontrei a Abadessa Francisca da Luz pela primeira vez. Escrevi-o por insistência dos guias espirituais que me acompanham e me protegem nesta jornada, mas não só. Também pelo desejo de falar de minha paixão por Sintra e sua serra sagrada.

Sou apenas uma pessoa que busca a si mesma e ao Criador de todas as coisas, e essa busca, um dia, me levou a Sintra. Por isso, sou imensamente grata à Mente Universal, que tudo rege com sua infinita sabedoria, e grata, também, às Energias Estelares que nos sustentam e o planeta com seu paciente e persistente amor.

Sintra, vila próxima a Lisboa, é considerada por muitos a capital espiritual da Europa. Conheci-a em 1991 e me apaixonei por suas paisagens de sonho, por seus caminhos cheios de névoa e mistério, mas, sobretudo, me apaixonei perdidamente pelo *Palácio da Pena,* símbolo maior de sua magia e palco de insondáveis acontecimentos. Em 6 de dezembro de 1995, foi eleita Patrimônio Mundial da Humanidade. Merecidamente.

No verão europeu, turistas de todo o mundo a visitam por suas belas paisagens, por seus palácios e castelos cheios de histórias para contar, por seus locais de mistérios – como a Quinta da Regaleira –, pelos vestígios do Convento dos Capuchos, onde religiosos viveram em total comunhão com Deus, e por muito mais. Há muito que apreciar em Sintra: história, cultura, culinária, belezas naturais... Mas não sei se todos que a visitam têm consciência de que estão pisando em solo sagrado.

Falar de Sintra e seus mistérios está muito além do que posso alcançar agora. Prefiro dar voz, então, ao "espírito do lugar" que, muito melhor do que eu, poderá falar de si mesmo.

---

"EU SOU a Montanha Sagrada da Lua, EU SOU a magia do Tempo, EU SOU a encarnação do Amor, EU SOU o que Deus escreveu por linhas certas, EU SOU o paraíso na Terra. EU SOU Sintra, o Eterno Feminino.

Através do tempo, caminho. E por meus caminhos e por infindáveis luas, vejo o tempo do homem passar e o homem passar pelo tempo incólume às verdades que se ocultam a olhos que não querem ver, a ouvidos que não querem ouvir, a mentes que se recusam a compreender e a corações que não ousam sentir.

O tempo passa, os homens vão e vêm em uma infindável procissão. E, enquanto o tempo passa, só EU SOU:

o amor incorruptível, a verdade indesmentível, a luz que ilumina o caminho e que agora precisa acender a chama que bruxuleia em seus corações desde que caíram na densidade da matéria. Porque é hora de voltar para a CASA DO PAI.

O tempo do despertar individual acabou. A humanidade precisa despertar como um todo, em UNIDADE.

Como uma grande criança cósmica, a humanidade terrestre está às vésperas de nascer para a comunidade dos planetas ascensionados que, como uma Grande Mãe, a espera com alegria e júbilo.

É hora de voltar para Casa. Na Casa do Pai são deuses. Despertem para a consciência do EU SOU e repitam sempre: EU SOU DEUS, EU e o PAI somos UM.

Despertem sua CONSCIÊNCIA CRÍSTICA."

---

Sintra é meu paraíso na Terra. Espero que o "espírito do lugar" um dia me considere merecedora de desvendar seus mistérios e me permita contar sua história. A esperança e a fé me movem porque, uma vez, ele – o "espírito do lugar" – me confidenciou:

"Desde tempos imemoriais eu me movo por essas paisagens, bailo por entre as folhas das árvores, mergulho em suas fontes cristalinas e purifico seus ares. Só me dou a conhecer àqueles que merecem. Aos por demais barulhentos não me mostro. Escondo-me por entre muros cobertos de hera e deixo que passem aos bandos. Mas àqueles que vêm mudos de espanto, de coração alvissareiro, de alma leve e feliz, a esses eu retribuo com o bafejo de meu encantamento, de minha beleza, de minha magia. A esses permito que comunguem com minha alma, que façam parte de mim. Com esses partilho o que têm essas montanhas de mais sagrado: seu mistério. A esses envolvo em um abraço amoroso e gentil. Esses já não se esquecerão de mim, pois vivenciaram um pedacinho do paraíso na Terra. Pois o paraíso é um estado de espírito – meu espírito."

---

Pretendo voltar a Sintra em breve. Levando a vocês essas mensagens, concluo uma etapa do caminho, mas a jornada ainda não terminou, porque ainda preciso *transcender o ser, transcender e acender a luz que for possível. Transcender, acender o ser e transmitir o saber-nos mais que humanos. Porque esse é meu carma, porque esse é meu darma, porque essa é minha missão.*

*Palácio da Pena*

*Convento dos Capuchos*

**ANEXO I**

# Tributo à Magia Cigana

Aos que vivem entre o Céu e a Terra em
busca de si mesmos.
(Pelo Tarô dos Ciganos de Santa Sara Kali,
em seu dia: 24 de maio de 2013).

"Este é o ser que, por força das inúmeras encarnações já vividas, volta à Terra com a consciência mais expandida e, assim, desperto, busca incessantemente o caminho que o levará a se libertar da roda das encarnações, a vencer o carma. Nesse processo evolutivo, precisará desenvolver as virtudes da 'Temperança' para conseguir seu intento.

'Lua' e 'Estrela' representam as energias femininas que estão ancorando aqui na Terra, para que esse processo possa ser facilitado para os seres já despertos, os quais já entenderam e realizaram o 'morrer' para a vida mundana e aceitaram servir de 'pontes' para os irmãos mais novos, por amor Àquele que se sacrificou, há mais de 2.000 anos, para nos mostrar o caminho de volta à nossa morada cósmica.

Os seres humanos precisam aprender a expressar, de forma equilibrada, as energias masculina e feminina, porque, no equilíbrio dessas energias, está o futuro do planeta como entidade cósmica.

Ao alcançarem a meta de fazer brilhar a centelha divina em seus corações, terão conseguido transformar a longa experiência na matéria em um caminho de aprendizado e ascensão.

E assim, o dia do 'julgamento final' vai encontrá-lo realizado e pronto para enfrentar a 'justiça cósmica'. Senhor de si mesmo, no controle total de sua vontade que, por fim, entendeu ser a entrega à Vontade do Pai, o novo ser estará apto a iniciar um novo caminho e uma nova história: a história de quem sobreviveu à 'queda' e venceu, porque soube fazer as escolhas certas."

**ANEXO II**

# Tributo à Umbanda

Iniciei meu trabalho voluntário em um Centro de Umbanda em janeiro de 2000. Portanto, no alvorecer do novo milênio.

Gosto de me referir ao que faço lá como trabalho voluntário, porque foi justamente isto que me moveu quando decidi me juntar a eles: o desejo de ser útil e, principalmente, uma necessidade de pertencimento.

Aprendi muito com eles, entidades de muita luz, amorosas e sábias que, travestidas de Pretos-Velhos, Caboclos e muitos outros, se incorporam nos médiuns para nos aconselhar, orientar e advertir quando estamos indo por caminhos que nos afastam do Bem.

Ressabiada no início, pouco a pouco fui mergulhando em um universo totalmente novo para mim, onde havia paz, amor, bondade, confiança, alegria, verdade, acolhimento e encantamento.

No começo, fazia muitas perguntas de cunho pessoal. Com o passar do tempo, porém, a vida entrou em certo equilíbrio e pude me dedicar a questões mais transcendentes. Foi a partir daí que comecei a perceber toda a grandeza da missão da UMBANDA: quando passei a interessar-me pelo conhecimento que ela detém sobre as verdades espirituais e que oferece a todos que se dispõem a aprender com seus guias e a ouvi-los para além das questões pessoais.

A par de seus aspectos religiosos, o que me entusiasmava mesmo era encontrar respostas para as perguntas que eu fazia sobre a vida, o universo, o mundo espiritual e tantas mais. Os guias da Umbanda trouxeram-me essas respostas e me ajudaram a encontrar meu caminho e, por isso, ser-lhes-ei eternamente grata.

Gosto de situar-me em um ponto além das religiões, para onde todas irão convergir um dia e de onde se originaram: a Unidade. E é na Unidade que todos nos encontraremos em algum momento, porque as religiões separam os homens, mas o Amor os une.

Confio em que, no futuro, a única religião que subsistirá será o Amor – o Amor incondicional, porque Divino. E não estou só nessa maneira de pensar. Em abril de 2002, em uma manhã fria nas montanhas de Nova Friburgo (Rio de Janeiro), Pai José de Angola disse-me o seguinte:

"A UMBANDA, que é um mantra, está trazendo para o mundo a verdade sobre as leis espirituais. E o Brasil foi escolhido para acolher as forças que trazem essa energia para o mundo, porque nossa natureza exuberante e variada propicia a essas forças os portais necessários para que as energias desçam até nós."

Ao longo do tempo, outros depoimentos seguiram-se a esse, contextualizando a Umbanda e dando testemunho de seu valor.

Em certa ocasião, uma energia que se autodenominou Estela dos Mares passou a seguinte mensagem por um de nossos irmãos:

"Ninguém detém o pleno domínio da Verdade Universal, pelo simples e lógico motivo de que todos vocês são partes. Explico-me melhor. Todos são partes daquela Verdade. Como uma mera fração pode pretender-se senhora absoluta do todo que integra?

Só a união é capaz de levá-los ao completo, ao pleno, ao todo da Essência Divina. Lembrem-se disto: UNIÃO.

Não por outra razão, vocês foram reunidos sob o pálio do que a cúpula espiritual determinou chamar UMBANDA, ou seja, UNIÃO. União de partes, de energias diversas, em busca da compreensão do Universo e da eterna e incomensurável Sabedoria que o rege. União de partes, de frações, e que conduz ao Todo, a Ele. UNAM-SE!!! Unam-se sobrepujando interesses mesquinhos e valores menores.

O conhecimento de onde vieram, o que são e para onde vão justifica essa união. Aliás, justifica tudo, até mesmo os tortuosos caminhos do longo aprendizado.

Deixo vocês com uma chave de estudo: como me chamo? Não me chamo. Vocês me deram vários nomes no decorrer dos séculos, seguindo sua parca compreensão e interesses vãos.

Sou um ponto de luz escondido por Ele nas profundezas do mar. Se, hoje, o símbolo maior que toca a todos, na Casa, é a Estrela, por que não?
Subscrevo-me,
Estela dos Mares, dos Oceanos, das Águas."

---

Em outra ocasião, este mesmo médium recebeu as seguintes palavras do doutor Bezerra de Menezes:

"Graças a Deus!
Queridos irmãos, agradeço ao Mestre esta oportunidade de estar entre vós. Sou um grande admirador e um grande defensor do belo trabalho da UMBANDA.
Não há incompatibilidade, barreiras, pois, na verdade, tudo se soma e se une em prol do amor e da caridade, em prol do trabalho fraternal de ajuda e socorro a todos os espíritos que, encarnados e desencarnados, clamam pela Luz maior do Mestre Jesus.
Longe de mim qualquer crítica ao vosso trabalho, pelo contrário. Louvados sejam vossas contas, vossas velas, vossas ervas e instrumentos de trabalho. Benditos sejam todos eles, porque auxiliam espíritos que só conhecem essa simbologia. Mas clamo a vós, irmãos, que sempre aprimorem vossos conhecimentos.
O tempo é de união, de somar forças em prol do vosso planeta. Medianeiros bem trabalhados, bem lapidados, medianeiros bem qualificados constituem a certeza de um trabalho mais rico e mais profundo na seara da ajuda e da misericórdia. Vós, que tendes a missão de auxiliar, prepa-

rai-vos cada vez mais. Não importa o tempo que demoreis para se agregar ao trabalho, se a ele chegardes, esse é o tempo. Aprimorai-vos, precisamos de medianeiros em boas condições de doação, de transmitir os ensinamentos da espiritualidade. É preciso saber dar, doar e curar.

E agradeço, imensamente, a sabedoria desses queridos irmãos que assumem a roupagem de Pretos-Velhos, que trazem os ensinamentos em uma linguagem tão clara e tão simples.

Amigos Pretos-Velhos, obrigado por esta oportunidade, e o meu respeito ao vosso trabalho. Obrigado ao Mestre Jesus por esta oportunidade. Unamos nossas forças, nosso conhecimento em prol do trabalho que o Mestre nos inspira.

Irmãos, lapidai-vos, estudai, crescei.

Louvado seja o Mestre Jesus e a Luz que emana do astral superior. Obrigado amiga Maria Conga, fiel e incansável trabalhadora de nossa seara.

A todos, meu fraternal abraço.

Bezerra de Menezes"

# Leitura Recomendada

### Reflexões de um Inseto
Um Romance sobre a Natureza
e a Fragilidade Humana

*Doroty Santos*

Ninguém está seguro, ninguém pode escapar do olhar desse ser que é menosprezado, porém, tudo vê, tudo ouve, tudo sabe. Os medos, as vaidades, as incertezas de Patrícia e Eunice são revelados através de olhos que elas nem imaginam que estão presentes e que percorrem suas histórias analisando cada passo, cada momento, cada situação.

### Yoga
A Vida, O Tempo

*Neide V. Pinheiro e Jeovah
de Assis Pinheiro*

Esse livro tem por base o Yoga clássico, conhecido como Ashtanga-Yoga, por meio de belas histórias, exemplos e pensamentos, permitindo uma leitura agradável do começo ao fim.
O Ashtanga-Yoga ou Yoga de oito membros ou angas é apresentado através de um triângulo.

### Chakras
Autocura

O Caminho para a Saúde Física, Mental
e Espiritual

*Ana Maria Nardini*

Esse livro nasceu da necessidade de dar suporte aos alunos dos cursos de terapias holísticas para que, de maneira simplificada, eles possam manter o equilíbrio dos chakras no seu dia a dia. Apesar de ser um assunto muito conhecido hoje, reconhecer um desequilíbrio nos chakras nem sempre é tarefa fácil.

www.madras.com.br

# MADRAS® Editora — CADASTRO/MALA DIRETA

*Envie este cadastro preenchido e passará a receber informações dos nossos lançamentos, nas áreas que determinar.*

Nome _____
RG _____ CPF _____
Endereço Residencial _____
Bairro _____ Cidade _____ Estado _____
CEP _____ Fone _____
E-mail _____
Sexo ❏ Fem. ❏ Masc.    Nascimento _____
Profissão _____ Escolaridade (Nível/Curso) _____

Você compra livros:
❏ livrarias  ❏ feiras  ❏ telefone  ❏ Sedex livro (reembolso postal mais rápido)
❏ outros: _____

Quais os tipos de literatura que você lê:
❏ Jurídicos  ❏ Pedagogia  ❏ Business  ❏ Romances/espíritas
❏ Esoterismo ❏ Psicologia ❏ Saúde    ❏ Espíritas/doutrinas
❏ Bruxaria   ❏ Autoajuda  ❏ Maçonaria ❏ Outros:

Qual a sua opinião a respeito desta obra? _____
_____

Indique amigos que gostariam de receber MALA DIRETA:
Nome _____
Endereço Residencial _____
Bairro _____ Cidade _____ CEP _____

Nome do livro adquirido: ***O Despertar da Consciência***

Para receber catálogos, lista de preços e outras informações, escreva para:

**MADRAS EDITORA LTDA.**
Rua Paulo Gonçalves, 88 – Santana – 02403-020 – São Paulo/SP
Caixa Postal 12183 – CEP 02013-970 – SP
Tel.: (11) 2281-5555 – Fax.:(11) 2959-3090
**www.madras.com.br**

**MADRAS® Editora**

Para mais informações sobre a Madras Editora, sua história no mercado editorial e seu catálogo de títulos publicados:

Entre e cadastre-se no site:

*www.madras.com.br*

Para mensagens, parcerias, sugestões e dúvidas, mande-nos um e-mail:

*marketing@madras.com.br*

**SAIBA MAIS**

Saiba mais sobre nossos lançamentos, autores e eventos seguindo-nos no facebook e twitter

*@madrased*

*/madraseditora*